55事例でわかる
取引相場のない株式の評価方法

松岡章夫・山岡美樹 著

税務経理協会

はしがき

　直近の国税庁「平成27年度分会社標本調査」によれば平成27年度の法人数は264万1,848社であり、日本取引所グループが公表している上場会社数の推移によれば平成27年末の上場会社数は3,511社（平成29年7月末現在3,558社）であることから日本の会社の殆どが上場会社以外の会社であるといえます。これらの会社の株式の時価について考えてみますと、上場会社の株式の場合は取引相場があることからその時価を容易に知ることができます。一方、上場会社以外の株式の時価は、取引相場が容易に把握できないか、あるいは、そもそも取引がないことからその時価を知ることは容易ではありません。

　相続税や贈与税は、相続、遺贈又は贈与により財産を取得した場合に課税される税金です。この相続、遺贈又は贈与により取得した財産の価額は、相続税法22条において財産の取得の時における時価によると規定しています。しかし、課税対象となる財産は、土地、家屋、有価証券など多種多様で、これら各種の財産の時価を的確に把握することは必ずしも容易でないことから、相続税・贈与税における財産の評価基本通達を定めて、各種財産の評価単位ごとの評価の方法を具体的に規定し、課税の統一、公平や納税者に対する便宜を図っており、取引相場のない株式の評価も財産評価基本通達178から189－7でその評価方法を定めています。

　ところで、所得税基本通達59－6（株式等を贈与等した場合の「その時における価額」）では、「原則として、次によることを条件に、昭和39年4月25日付直資56・直審（資）17『財産評価基本通達』（法令解釈通達）の178から189－7まで（（取引相場のない株式の評価））の例により算定した価額とする。」と、法人税基本通達9－1－14（上場有価証券等以外の株式の価額の特例）でも「事業年度終了の時における当該株式の価額につき昭和39年4月25日付直資56・直審（資）17『財産評価基本通達』（以下9－1－14において「財産評価基本通達」という。）の178から189－7まで《取引相場のない株

式の評価》の例によって算定した価額によっているときは，課税上弊害がない限り，次によることを条件としてこれを認める。」とあります。したがいまして，財産評価基本通達における取引相場のない株式の評価を理解することは，相続税・贈与税ばかりではなく所得税や法人税においても大切なことの一つであるといえます。

　そこで，本書は取引相場のない株式の評価の理解の一助になればと考え，税経通信の税務相談Q&A資産税コーナーで扱った取引相場のない株式の評価に関する55事例を，「第１章　総則」，「第２章　株式評価における株主区分」，「第３章　類似業種比準方式」，「第４章　純資産価額方式」，「第５章　配当還元方式」，「第６章　特殊な株式等の評価に係る事例」に編集し，各事例が財産評価基本通達178から189－７のいずれに関わるものかを各事例名の右上に通達番号を表示しました。

　本書が税務に携わる実務家の方々をはじめ，納税者の皆様のお役に立てれば幸いに存じます。

　今後とも，より一層充実したものに改めてまいりたいと考えておりますので，読者の皆様からの忌憚のないご意見を，出版社編集部までお寄せくださるよう，お願いいたします。

　なお文中意見にわたる部分は，個人的見解であることを念のため申し添えます。

　最後に，本書刊行に当たりご協力いただいた株式会社税務経理協会の諸氏に心から感謝申し上げます。

　2017年９月

目　　次

はしがき

第1章　総　　論

本章における基本的な考え方　*3*

1　評価方法　*13*

事例01　相続税・贈与税における取引相場のない株式の計算方法（評基通178,179）　*13*

事例02　取引相場のない株式を計算する類似業種比準価額及び純資産価額計算式（評基通180,185）　*18*

事例03　個人が法人へ非上場株式を売却する場合の時価の計算方法（評基通178～189-7）　*21*

2　会社規模区分の判定等　*25*

事例01　円滑化法で中小企業者に該当する場合の会社規模の判定（評基通178,181-2）　*25*

事例02　事業年度の変更がある場合の会社規模の判定等（評基通178）　*29*

事例03　従業員数を判定する場合の従業員の範囲（評基通178）　*33*

第2章　株式評価における株主区分の判定

本章における基本的な考え方　*39*

事例01　評価会社の同族株主判定（評基通188）　*42*

事例02　同族株主がいない会社の株主の議決権割合の判定（評基通188）　*46*

事例03　配当還元方式の適用の可否を決める役員の範囲（評基通188）　*50*

事例04　株式が未分割である場合の判定（評基通188）　*53*

事例05　中心的な株主とは（評基通188）　*57*

事例06	同族株主か同族株主以外の株主に当たるか否かの判定　評基通188　61
事例07	法人株主がいる場合の株主区分　評基通188　65
事例08	評価会社に自己株式がある場合　評基通188-3　69
事例09	評価会社の株主に中小企業投資育成会社がある場合の同族株主判定　評基通188-6　73
事例10	株式を相互に持ち合っている場合　評基通180, 185　77
事例11	株式を90％ずつ相互に持ち合っている場合　評基通188　81

第3章　類似業種比準方式

本章における基本的な考え方　91

事例01	特別配当や非経常的な利益がある場合　評基通180, 183　96
事例02	直後期末が近いときの類似業種比準方式及び純資産価額方式　評基通180, 185　100
事例03	受取配当等の益金不算入額から控除する所得税額　評基通183　104
事例04	業種を兼業している場合の業種目の判定　評基通181-2　108
事例05	業種を変更している場合の業種目の判定　評基通181-2　114
事例06	事業年度の変更をしている場合の1株当たりの配当金額等の計算　評基通183　116
事例07	直前期末後から課税時期までに剰余金の配当金があった場合　評基通184　120
事例08	資本金等の額がマイナスの場合　評基通183　124
事例09	自己株式の取得によるみなし配当の金額がある場合　評基通183　127
事例10	非経常的な利益がある場合の1株当たりの利益金額　評基通183　131
事例11	直前期末後から課税時期までに株式割当てがあった場合　評基通184　135

第4章　純資産価額方式

本章における基本的な考え方　*141*

事例01	評価会社が小会社に該当する場合の株式の価額　（評基通179, 185）　*145*
事例02	計算を直前期末によって行う場合の注意点　（評基通185, 186）　*149*
事例03	死亡保険金を受け取った場合　（評基通186, 188−2）　*153*
事例04	評価会社の資産に3年以内取得不動産がある場合　（評基通185）　*156*
事例05	評価会社が3年以内に取得した不動産を賃貸した場合　（評基通185）　*160*
事例06	「土地の無償返還に関する届出書」を提出している場合の評価会社の貸家建付借地権の取扱い　（評基通185）　*164*
事例07	評価会社が広大地を所有している場合　（評基通185）　*167*
事例08	評価会社が定期借地権を所有している場合　（評基通185）　*176*
事例09	評価会社が定期借地権の目的となっている宅地を所有している場合　（評基通185）　*180*
事例10	評価会社が建築中の家屋を所有している場合　（評基通185）　*184*
事例11	評価会社がオーナーから土地を賃借している場合　（評基通185）　*188*
事例12	帳簿上の資産の部に記載のないもの等の取扱い　（評基通185）　*192*
事例13	帳簿上の負債の部に記載のないもの等の取扱い　（評基通186）　*197*
事例14	現物出資等受入れ資産がある場合　（評基通186−2）　*201*
事例15	評価会社が非上場会社株式を保有している場合　（評基通186−3）　*205*

第5章　配当還元方式

本章における基本的な考え方　*211*

| 事例01 | 資本金等の金額がマイナスの場合　（評基通188−2）　*212* |

| 事例02 | 資本金等の額が不明な場合　評基通188—2　*217* |

第6章　特殊な株式等の評価に係る事例

本章における基本的な考え方　*223*

1　株式保有特定会社の株式の評価　*225*

事例01	株式保有特定会社の株式の評価　評基通189　*225*
事例02	繰延税金資産の計上の有無と株式保有割合の判定の分母の額　評基通189　*229*
事例03	転換社債を有する場合の株式保有特定会社の判定　評基通189　*232*

2　土地保有特定会社の株式の評価　*237*

| 事例04 | 土地保有特定会社の判定と特定の評価会社の評価の判定順序　評基通189　*237* |

3　種類株式の評価　*240*

事例05	種類株式（拒否権付株式）を発行している場合　評基通178　*240*
事例06	配当優先株式を発行している場合　評基通178　*243*
事例07	同族株主が取得する無議決権株式の評価　評基通188　*247*

4　出資の評価　*251*

| 事例08 | 医療法人の出資の評価　評基通194—2　*251* |
| 事例09 | 1口当たりの出資金額の定めがない場合　評基通180　*255* |

5　外国株式の評価　*260*

| 事例10 | 会社資産に国外財産がある場合の純資産価額　評基通185　*260* |

索　引　*263*

第 1 章

総　　　論

本章における基本的な考え方

　取引相場のない株式の価額は，原則，評価しようとするその株式の発行会社（以下「評価会社」といいます）が次の表の大会社，中会社又は小会社のいずれに該当するかに応じて，原則的評価方式（類似業種比準方式，類似業種比準価額と純資産価額の併用方式，純資産価額方式）によって評価します（評基通178，179）。そこで，第1章「総論」では，取引相場のない株式の評価上の区分がどのような基準によって行われているかを中心に事例を取り上げています。

　同族株主以外の株主等が取得した株式の評価方式である特例的評価方式（配当還元方式）については第5章「配当還元方式」で，特定の評価会社の株式の価額については第6章「特殊な株式等の評価に係る事例」で，同族株主が取得した株式（原則的評価方式）か同族株主以外の株主等が取得した株式（特例的評価方式）に当たるかの判定については第2章「株式評価における株主区分の判定」で，原則的評価方式の類似業種比準方式については第3章「類似業種比準方式」で，純資産価額方式については第4章「純資産価額方式」で取り上げています。

　取引相場のない株式の相続税及び贈与税における時価を求めるための評価方法の概略については「事例01　相続税・贈与税における取引相場のない株式の計算方法」を，また，非上場会社の株式を売買する際の時価については「事例03　個人が法人へ非上場株式を売却する場合の時価の計算方法」を参照してください。

規模区分	区分の内容		総資産価額（帳簿価額によって計算した金額）及び従業員数	直前期末以前1年間における取引金額
大会社	従業員数が70人以上の会社又は右のいずれかに該当する会社	卸売業	20億円以上（従業員数が35人以下の会社を除く）	30億円以上
		小売・サービス業	15億円以上（従業員数が35人以下の会社を除く）	20億円以上
		卸売業，小売・サービス業以外	15億円以上（従業員数が35人以下の会社を除く）	15億円以上
中会社	従業員数が70人未満の会社で右のいずれかに該当する会社（大会社に該当する場合を除く）	卸売業	7,000万円以上（従業員数が5人以下の会社を除く）	2億円以上30億円未満
		小売・サービス業	4,000万円以上（従業員数が5人以下の会社を除く）	6,000万円以上20億円未満
		卸売業，小売・サービス業以外	5,000万円以上（従業員数が5人以下の会社を除く）	8,000万円以上15億円未満
小会社	従業員数が70人未満の会社で右のいずれにも該当する会社	卸売業	7,000万円未満又は従業員数が5人以下	2億円未満
		小売・サービス業	4,000万円未満又は従業員数が5人以下	6,000万円未満
		卸売業，小売・サービス業以外	5,000万円未満又は従業員数が5人以下	8,000万円未満

1　総資産価額（帳簿価額によって計算した金額）等について

　上の表の「総資産価額（帳簿価額によって計算した金額）及び従業員数」及び「直前期末以前1年間における取引金額」は，それぞれ次の(1)から(3)により，「卸売業」，「小売・サービス業」又は「卸売業，小売・サービス業以外」の判定は(4)によります（評基通178）。

(1) 総資産価額（帳簿価額によって計算した金額）

　課税時期の直前に終了した事業年度の末日（以下「直前期末」といいます）における評価会社の各資産の帳簿価額の合計額になります。

(2) 従 業 員 数

　直前期末以前1年間においてその期間継続して評価会社に勤務していた従業員（就業規則等で定められた1週間当たりの労働時間が30時間未満である従業員を除きます。以下「継続勤務従業員」といいます）の数に，直前期末以前1年間において評価会社に勤務していた従業員（継続勤務従業員を除きます）のその1年間における労働時間の合計時間数を従業員1人当たり年間平均労働時間数で除して求めた数を加算した数になります。

　この場合における従業員1人当たり年間平均労働時間数は，1,800時間とします。

　　（注）　従業員には，社長，理事長並びに法人税法施行令71条≪使用人兼務役員とされない役員≫1項1号，2号及び4号に掲げる役員は含まれません。

　従業員数をカウントする場合，従業員の範囲，具体的には出向中の者や人材派遣会社より派遣されている者の取扱いが問題となります。この点を取り上げたのが「事例06　従業員数を判定する場合の従業員の範囲」になります。また，直前期の年度が1年未満となっている場合の従業員数の判定も問題となります。この点を取り上げたのが「事例05　事業年度の変更がある場合の会社規模の判定等」になります。

(3) 直前期末以前1年間における取引金額

　その期間における評価会社の目的とする事業に係る収入金額（金融業・証券業については収入利息及び収入手数料）となります。

　直前期末以前1年間の取引金額を捉える際に直前期に事業年度の変更があった場合，具体的には直前期の年度が1年未満となっている場合の取引金額の判定が問題となります。この点を取り上げたのが「事例05　事業年度の変更がある場合の会社規模の判定等」になります。なお，事例05では，事業年度の変更がある場合に類似業種比準方式や純資産価額方式にも影響があるのかについ

ても触れています。

(4) 評価会社の業種

「卸売業」、「小売・サービス業」又は「卸売業、小売・サービス業以外」のいずれの業種に該当するかは、上記(3)の直前期末以前1年間における取引金額に基づいて判定し、当該取引金額のうちに2以上の業種に係る取引金額が含まれている場合には、それらの取引金額のうち最も多い取引金額に係る業種によって判定します。

評価会社が具体的にどの業種に当たるか、2以上の業種を行っている場合どの業種と判定すればよいかが問題となります。この点について取り上げているのが「事例04　円滑化法で中小企業者に該当する場合の会社規模の判定」になります。

2　大会社・中会社・小会社の株式の評価

大会社、中会社及び小会社の株式の価額は、それぞれ次によります（評基通179）。

(1) 大　会　社

大会社の株式の価額は、類似業種比準価額によって評価します。ただし、納税義務者の選択により、1株当たりの純資産価額（相続税評価額によって計算した金額）によって評価することができます。

(2) 中　会　社

中会社の株式の価額は、次の算式により計算した金額によって評価します。ただし、納税義務者の選択により、算式中の類似業種比準価額を1株当たりの純資産価額（相続税評価額によって計算した金額）によって計算することができます。

類似業種比準価額×L＋1株当たりの純資産価額×(1－L)

上の算式中の「L」は、評価会社の総資産価額（帳簿価額によって計算した金額）及び従業員数又は直前期末以前1年間における取引金額に応じて、それ

それ次に定める割合のうちいずれか大きい方の割合とします。

イ 総資産価額（帳簿価額によって計算した金額）及び従業員数に応ずる割合

卸　売　業	小売・サービス業	卸売業，小売・サービス業以外	割合
4億円以上（従業員数が35人以下の会社を除く）	5億円以上（従業員数が35人以下の会社を除く）	5億円以上（従業員数が35人以下の会社を除く）	0.90
2億円以上（従業員数が20人以下の会社を除く）	2億5,000万円以上（従業員数が20人以下の会社を除く。）	2億5,000万円以上（従業員数が20人以下の会社を除く）	0.75
7,000万円以上（従業員数が5人以下の会社を除く）	4,000万円以上（従業員数が5人以下の会社を除く）	5,000万円以上（従業員数が5人以下の会社を除く）	0.60

（注）複数の区分に該当する場合には，上位の区分に該当するものとする。

ロ　直前期末以前1年間における取引金額に応ずる割合

卸　売　業	小売・サービス業	卸売業，小売・サービス業以外	割合
7億円以上30億円未満	5億円以上20億円未満	4億円以上15億円未満	0.90
3億5,000万円以上7億円未満	2億5,000万円以上5億円未満	2億円以上4億円未満	0.75
2億円以上3億5,000万円未満	6,000万円以上2億5,000万円未満	8,000万円以上2億円未満	0.60

(3) 小　会　社

　1株当たりの純資産価額（相続税評価額によって計算した金額）によって評価します。ただし、納税義務者の選択により、Lを0.50として(2)の算式により計算した金額によって評価することができます。

　類似業種比準価額及び純資産価額の計算式の概要について、「事例02　取引相場のない株式を計算する場合の類似業種比準価額及び純資産価額の計算式」で取り上げています。

3 平成29年度の通達改正について

　平成29年度の通達改正により大会社・中会社・小会社の判定基準、中会社のLの割合の判定基準、類似業種比準価額の計算式が改正されました。この改正については、平成29年1月1日以後に相続、遺贈又は贈与により取得した財産の評価に適用されています。

(1) 会社区分（大会社・中会社・小会社）の区分、中会社のLの割合の区分の改正

　　会社規模とLの割合（中会社）の区分は、次の表の①の「総資産価額（帳簿価額）」と「従業員数」とのいずれか下位の区分と②の「取引金額」の区分とのいずれか上位の区分により判定します。この判定を行う際の基準の改正が行われました。

（改正前）

直前期末以前1年間における従業員数に応ずる区分				100人以上の会社は大会社			会社規模とLの割合（中会社）の区分
				100人未満の会社は次により判定			
①直前期末の総資産価額（帳簿価額）及び直前期末以前1年間における従業員数に応ずる区分				②直前期末以前1年間の取引金額に応ずる区分			
総資産価額（帳簿価額）			従業員数	取引金額			
卸売業	小売・サービス業	卸売業、小売・サービス業以外		卸売業	小売・サービス業	卸売業、小売・サービス業以外	
20億円以上	10億円以上	10億円以上	50人超	80億円以上	20億円以上	20億円以上	大会社
14億円以上 20億円未満	7億円以上 10億円未満	7億円以上 10億円未満	50人超	50億円以上 80億円未満	12億円以上 20億円未満	14億円以上 20億円未満	0.9　中会社
7億円以上 14億円未満	4億円以上 7億円未満	4億円以上 7億円未満	30人超 50人以下	25億円以上 50億円未満	6億円以上 12億円未満	7億円以上 14億円未満	0.75
7,000万円以上 7億円未満	4,000万円以上 4億円未満	5,000万円以上 4億円未満	5人超 30人以下	2億円以上 25億円未満	6,000万円以上 6億円未満	8,000万円以上 7億円未満	0.60
7,000万円未満	4,000万円未満	5,000万円未満	5人以下	2億円未満	6,000万円未満	8,000万円未満	小会社

（改正後）

直前期末以前1年間における従業員数に応ずる区分				70人以上の会社は大会社			
				70人未満の会社は次により判定			
①直前期末の総資産価額（帳簿価額）及び直前期末以前1年間における従業員数に応ずる区分				②直前期末以前1年間の取引金額に応ずる区分			会社規模とLの割合（中会社）の区分
総資産価額（帳簿価額）			従業員数	取引金額			
卸売業	小売・サービス業	卸売業，小売・サービス業以外		卸売業	小売・サービス業	卸売業，小売・サービス業以外	
20億円以上	15億円以上	15億円以上	35人超	30億円以上	20億円以上	15億円以上	大会社
4億円以上20億円未満	5億円以上15億円未満	5億円以上15億円未満	35人超	7億円以上30億円未満	5億円以上20億円未満	4億円以上15億円未満	0.9 中会社
2億円以上4億円未満	2億5,000万円以上5億円未満	2億5,000万円以上5億円未満	20人超35人以下	3億5,000万円以上7億円未満	2億5,000万円以上5億円未満	2億円以上4億円未満	0.75
7,000万円以上2億円未満	4,000万円以上2億5,000万円未満	5,000万円以上2億5,000万円未満	5人超20人以下	2億円以上3億5,000万円未満	6,000万円以上2億5,000万円未満	8,000万円以上2億円未満	0.60
7,000万円未満	4,000万円未満	5,000万円未満	5人以下	2億円未満	6,000万円未満	8,000万円未満	小会社

　直前期末以前1年間における従業員数に応ずる区分，総資産価額及び従業員数と取引金額による区分における人数，金額の見直しが行われたことで従来中会社であった区分が大会社へ，あるいは中会社におけるLの割合が大きくなることにより評価会社の株式評価における純資産価額のウエイトが減ることで，今回の改正により株式の評価額が下がる効果が期待できます。

　なお，従来は中会社であった評価会社が大会社に区分変更されることで，土地保有特定会社を判断する場合の土地保有割合が中会社の90％以上であったものが，大会社として70％以上と割合が下がる点に注意する必要があります。

(2) 類似業種比準価額の計算式の改正

　　配当金，利益金額，簿価純資産価額の比重について，1：3：1が1：1：1に改正されました。

（改正前）

$$A \times \left[\frac{\frac{Ⓑ}{B} + \frac{Ⓒ}{C} \times 3 + \frac{Ⓓ}{D}}{5} \right] \times 0.7$$

(改正後)

$$A \times \left[\frac{\frac{Ⓑ}{B} + \frac{Ⓒ}{C} + \frac{Ⓓ}{D}}{3} \right] \times 0.7$$

① 上記算式中のA，B，C，D，Ⓑ，Ⓒ，Ⓓは次のとおりです。

A：類似業種の株価

B：類似業種の1株当たりの配当金額

C：類似業種の1株当たりの年利益金額

D：類似業種の1株当たりの純資産価額

※ A・B・C・Dは「類似業種株価等の通達」で定められています。なお，Aについては，課税時期以前2年間平均（改正前は前年平均のみ）が追加され，B，C，Dについては連結決算を反映させたものとなりました。

Ⓑ：評価する会社の1株当たりの配当金額

Ⓒ：評価する会社の1株当たりの年利益金額

Ⓓ：評価する会社の1株当たりの純資産価額

② 上記算式中の0.7は大会社，中会社は0.6，小会社は0.5で計算をします。

今回の改正により，上記のとおり配当金額，年利益金額，簿価純資産価額の比重が1：3：1から1：1：1になり年利益金額の比重が引き下げられたことから概ね類似業種比準価額の金額は下がるものと考えられます。一方，類似業種比準価額の計算における年利益金額の比重が低い評価会社は比準割合が上がり類似業種比準価額が上がる場合が考えられます。

例えば，平成28年分の不動産賃貸業におけるB4.2，C20，D156を基に，仮に，Ⓑ4.2，Ⓒ10，Ⓓ156とした場合（年利益金額の比重を低くした場合）は次のとおりとなり，改正後の比準割合の方が高くなる場合があります。

(改正前)

$$\frac{\frac{4.2}{4.2} + \frac{10}{20} \times 3 + \frac{156}{156}}{5} = 0.7$$

（改正後）

$$\frac{\frac{4.2}{4.2}+\frac{10}{20}+\frac{156}{156}}{3}=0.83$$

(3) 類似業種比準価額の計算式の見直しに伴う改正

　上記類似業種比準価額の計算式の見直しに伴う改正により，株式保有特定会社の株式評価におけるＳ₁の金額を計算する場合の算式及び医療法人の出資の評価における算式についても改正されています。

① Ｓ₁の金額

（改正前）

$$A \times \left[\frac{\frac{Ⓑ-ⓑ}{B}+\frac{Ⓒ-ⓒ}{C}\times 3+\frac{Ⓓ-ⓓ}{D}}{5} \right] \times 0.7$$

（改正後）

$$A \times \left[\frac{\frac{Ⓑ-ⓑ}{B}+\frac{Ⓒ-ⓒ}{C}+\frac{Ⓓ-ⓓ}{D}}{3} \right] \times 0.7$$

② 医療法人の出資の評価

（改正前）

$$A \times \left[\frac{\frac{Ⓒ}{C}\times 3+\frac{Ⓓ}{D}}{4} \right] \times 0.7$$

（改正後）

$$A \times \left[\frac{\frac{Ⓒ}{C}+\frac{Ⓓ}{D}}{2} \right] \times 0.7$$

　医療法人が株式保有特定会社に該当する場合のＳ₁の算式は次のとおりです。

（改正前）

$$A \times \left[\frac{\frac{Ⓒ-ⓒ}{C} \times 3 + \frac{Ⓓ-ⓓ}{D}}{4} \right] \times 0.7$$

（改正後）

$$A \times \left[\frac{\frac{Ⓒ-ⓒ}{C} + \frac{Ⓓ-ⓓ}{D}}{2} \right] \times 0.7$$

1　評 価 方 法　　評基通178，179

事例01　相続税・贈与税における取引相場のない株式の計算方法

　私は，非上場会社のオーナー兼社長です。今年で還暦を迎えることから，そろそろ会社経営の承継を具体的に考えなくてはいけないと思っています。そこで，相続税・贈与税ベースで自分の会社の株式の価額がいくらになるのかを知りたいと思っております。相続税や贈与税を計算する際の非上場会社の株式の評価は，どのように行うのでしょうか。

解説

　相続税及び贈与税の課税価格計算の基礎となる財産の評価に関する基本的な取扱いが，「財産評価基本通達」として国税庁長官から発遣されています。したがいまして，この通達により非上場会社の株式の評価を行います。

　財産評価基本通達（以下「評価通達」といいます）は，全8章で構成されており，第8章「その他の財産」の「第1節　株式及び出資」においてその評価方法が具体的に定められています。非上場会社の株式は，この評価通達168（評価単位）では，「取引相場のない株式」として評価することとされています。

　この取引相場のない株式の評価は，原則，**❶一般の評価会社の株式**として評価を行いますが，**❷同族株主以外が取得した株式**については配当還元方式により，また，評価対象会社の資産の保有状況などの実態に応じて**❸特定の評価会社の株式**として評価します。以下その概略について説明します。

❶　一般の評価会社の株式

　会社規模（総資産価額，従業員数，取引金額）に応じて区分された大会社，中会社及び小会社に分けて，それぞれ次により評価します。

(1) 大 会 社

　類似業種比準方式によって評価します。また，純資産価額方式によって評価することができます。

　ところで，類似業種比準方式とは，評価対象会社と事業などが類似する上場会社の株価とを，3要素（配当・利益・資産）で比較して株価を求めようとする方式です。この方式により求めた価額を類似業種比準価額といいます。

　また，純資産価額方式とは，評価通達により会社資産・負債を評価することで株価を求める方式で，この方式により求めた価額を純資産価額といいます。

(2) 中 会 社

　次の算式により計算した金額によって評価します。また，算式中の類似業種比準価額を1株当たりの純資産価額によって計算することができます。

　類似業種比準価額×L＋1株当たりの純資産価額×（1－L）

　※　L：会社規模に応じて，0.90，0.75，0.60

(3) 小 会 社

　純資産価額方式によって評価します。また，Lを0.50として上記ロの算式により計算した金額によって評価することができます。

　大会社，中会社，小会社の区分は次のとおりです。

規模区分	内　容	業　種	総資産価額 従業員数	取引金額
大会社	右のいずれかに該当する会社 ※従業員数70人以上の会社は大会社に該当	卸売業	20億円以上 (35人以下除く)	30億円以上
		小売・サービス業	15億円以上 (35人以下除く)	20億円以上
		卸売業，小売・サービス業以外	15億円以上 (35人以下除く)	15億円以上
中会社	従業員数が70人未満の会社で右のいずれかに該当する会社	卸売業	7,000万円以上 (5人以下除く)	2億円以上 30億円未満
		小売・サービス業	4,000万円以上 (5人以下除く)	6,000万円以上 20億円未満

	※大会社に該当する場合を除きます。	卸売業，小売・サービス業以外	5,000万円以上（5人以下除く）	8,000万円以上15億円未満
小会社	従業員数が70人未満の会社で右のいずれにも該当する会社	卸売業	7,000万円未満又は5人以下	2億円未満
		小売・サービス業	4,000万円未満又は5人以下	6,000万円未満
		卸売業，小売・サービス業以外	5,000万円未満又は5人以下	8,000万円未満

2　同族株主以外の株主等が取得した株式（特例的評価方式）

　同族株主以外の株主等が取得した株式は，言い換えれば少数株主が取得した株式です。少数株主は，事業経営に対する影響力が少ないことや単に配当を期待するにとどまると考えられることから上記■による方式ではなく，簡便な配当還元方式により評価することとされています。

　具体的には，その株式に係る年配当金額（その金額が2円50銭未満のもの及び無配のものにあっては2円50銭とします）を基として，次の算式により計算した金額によって評価します。また，その金額がその株式を上記■により計算した金額を超える場合には，上記■の定めにより計算した金額によって評価することができます。

$$\frac{年配当金額}{10\%} \times \frac{1株当たり資本金等の額}{50円}$$

3　特定の評価会社の株式

　特定の評価会社の株式は，評価対象会社の資産の保有状況，営業の状態等に応じて次の区分に分けて評価します。

　なお評価方式は，下記(1)～(5)が，原則，純資産価額方式（(1)は類似業種比準方式と純資産価額方式の併用方式，(2)はS_1+S_2方式の選択が可能です），(6)が清算分配見込額の複利現価による評価方式です。

(1) 比準要素数1の会社の株式

　　直前期末の「1株当たりの配当金額」,「1株当たりの利益金額」及び「1株当たりの純資産価額（帳簿価額によって計算した金額）」のそれぞれの金額のうち，いずれか2が0であり，かつ，直前々期末を基準にして「1株当たりの配当金額」,「1株当たりの利益金額」及び「1株当たりの純資産価額（帳簿価額によって計算した金額)」のそれぞれの金額のうち，いずれか2以上が0である評価会社をいいます。

(2) 株式保有特定会社の株式

　　課税時期において評価会社の有する各資産を評価通達に定めるところにより評価した価額の合計額のうちに占める株式及び出資の価額の合計額の割合が25％以上（中会社及び小会社は，50％以上）である会社をいいます。

(3) 土地保有特定会社の株式

　　課税時期において，次のいずれかに該当する会社をいいます。

(イ) 大会社に区分される会社については，その有する各資産を評価通達の定めるところにより評価した価額の合計額のうちに占める土地等の価額の合計額の割合（以下「土地保有割合」といいます）が70％以上である会社をいいます。

(ロ) 中会社に区分される会社については，土地保有割合が90％以上である会社をいいます。

(ハ) 小会社に区分される会社については次のとおりです。

業　種	総資産価額（帳簿価額）	土地保有割合
卸　売　業	20億円以上	70％以上が該当
	20億円未満7,000万円以上	90％以上が該当
小売・サービス業	15億円以上	70％以上が該当
	15億円未満4,000万円以上	90％以上が該当
上記以外の業種	15億円以上	70％以上が該当
	15億円未満5,000万円以上	90％以上が該当

(4) 開業後3年未満の会社等の株式
　(イ) 開業後3年未満の会社
　　課税時期において開業後3年未満である会社
　(ロ) 比準要素数0の会社
　　「1株当たりの配当金額」,「1株当たりの利益金額」及び「1株当たりの純資産価額（帳簿価額によって計算した金額）」のそれぞれの金額がいずれも0であるものをいいます。
(5) 開業前又は休業中の会社の株式
(6) 清算中の会社の株式

(山岡　美樹)

1 評価方法 　評基通180, 185

取引相場のない株式を計算する場合の類似業種比準価額及び純資産価額の計算式

取引相場のない株式の評価は，原則，大会社の株式の価額は類似業種比準価額によって評価し，小会社は1株当たりの純資産価額（相続税評価額によって計算した金額）によって評価し，中会社は類似業種比準価額と1株当たりの純資産価額との2つの金額を加味した併用方式によって評価すると聞いていますが，計算はどのようにするのでしょうか。

解説

1 計算の要点

(1) 類似業種比準価額（大会社）

類似業種の株価並びに1株当たりの配当金額，年利益金額及び純資産価額（帳簿価額によって計算した金額）を基とし，次の算式により計算します。

$$ A \times \frac{\frac{Ⓑ}{B} + \frac{Ⓒ}{C} + \frac{Ⓓ}{D}}{3} \times 0.7 $$

上記算式中の「A」，「Ⓑ」，「Ⓒ」，「Ⓓ」，「B」，「C」及び「D」は，それぞれ次によります。

「A」＝類似業種の株価
「Ⓑ」＝評価会社の1株当たりの配当金額
「Ⓒ」＝評価会社の1株当たりの利益金額
「Ⓓ」＝評価会社の1株当たりの純資産価額（帳簿価額によって計算した金額）
「B」＝課税時期の属する年の類似業種の1株当たりの配当金額
「C」＝課税時期の属する年の類似業種の1株当たりの年利益金額

「D」＝課税時期の属する年の類似業種の１株当たりの純資産価額（帳簿価額によって計算した金額）

(2) １株当たりの純資産価額（小会社）

$$\frac{総資産価額（相続税評価額によって計算した金額）－負債の合計額－評価差額に対する法人税額等相当額}{課税時期における発行済株式数}$$

$$評価差額に対する法人税額等相当額 ＝ \left(相続税評価額による純資産価額 － 帳簿価額による純資産価額\right) ×37\%$$

(3) 併用方式（中会社）

類似業種比準価額×L＋１株当たりの純資産価額×(１－L)

※ Lの割合は，中会社の規模に応じて0.90，0.75，0.60

(4) 配当還元価額（特例的評価方式）

$$\frac{その株式に係る年配当金額}{10\%} × \frac{その株式の１株当たりの資本金等の額}{50円}$$

2 計算の詳細

(1) 類似業種比準価額

類似業種比準価額におけるⒷ（評価会社の１株当たりの配当金額）は，株主資本等変動計算書の剰余金の配当欄等により，Ⓒ（評価会社の１株当たりの利益金額）は，法人税申告書別表四の所得金額欄，そして，Ⓓ（評価会社の１株当たりの純資産価額（帳簿価額によって計算した金額））は，法人税申告書別表五㈠の金額によります。

また，A（類似業種の株価），B（課税時期の属する年の類似業種の１株当たりの配当金額），C（課税時期の属する年の類似業種の１株当たりの年利益金額），D（課税時期の属する年の類似業種の１株当たりの純資産価額（帳簿価額によって計算した金額））の各金額は，国税庁が発表する「類似業種比準価額計算上の業種目及び業種目別株価等」で調べます。

そこで，類似業種比準価額を求める場合，評価会社の配当金額・所得金額について，非経常的な配当（例：記念配当）や非経常的な利益（例：固定資産の

売却益）を調整する必要があるのか否か，また，比準する業種の選択をどのように行うのかがポイントになります。

(2) 1株当たりの純資産価額

1株当たりの純資産価額は，会社の所有する各資産を財産評価基本通達の定めにより評価することで求めます。たとえば，土地は路線価方式あるいは倍率方式により，建物は，固定資産税の評価額を基に評価を行います。

また，借地権や営業権など帳簿価額がない場合であっても，評価通達にしたがって評価を行った場合に評価額が算出される場合には，上記総資産の合計額に含めることとなります。

したがいまして，評価会社が所有する各資産の評価方法を知ることがポイントとなります。

(3) 併用方式

会社の規模が大会社に近い会社は，類似業種比準価額のウエイトを多く，小会社に近い会社は，1株当たりの純資産価額のウエイトを多くしています。

したがいまして，Lの割合を的確に判断することがポイントになります。

上記(1)〜(3)の原則的評価方式の他に，次の特例的評価方式があります。

(4) 配当還元価額（特例的評価方式）

この評価方式は，会社が行う年配当金額を基に計算を行うものですが，たとえば，従業員が株主である場合は，通常，会社に対する支配力・影響力は希薄であり，会社の事業・経営よりもむしろ配当を期待していることなどを考慮した評価方式です。

この評価方式によることができる株主は，会社に対する影響力のない株式保有数が少数である株主です。

したがいまして，特例的評価方式で評価できるか否かは，その株主の態様がいわゆる同族株主グループ等に当たるか否かがポイントになります。

（山岡　美樹）

1 評価方法　評基通178〜189―7

事例03　個人が法人へ非上場株式を売却する場合の時価の計算方法

　私は，非上場のA社の株式（全体の30％保有）をB社に時価で売却することになりましたが，その際の時価は，財産評価基本通達によって算定した金額でよいのでしょうか。

解説

　一定の調整をした上で財産評価基本通達によって算定した金額となります。

1　時価の算定の必要性

　個人が，法人に時価の2分の1未満で資産を譲渡（贈与も含みます）した場合には，時価で譲渡したものとみなされて譲渡所得の計算が行われます（所法59①）。

　なぜこのような規定があるかというと，譲渡所得は，所有権の移転を機に，資産の値上り益の精算に着目した課税方法であって，実際に収受した対価をもとに算定した利益に対する課税方法ではないからです。

2　非上場株式の時価

　そこで，買主である法人も含め，非上場株式の時価の算定が必要となりますが，この時価については，所得税基本通達（所基通）及び法人税基本通達（法基通）で定められていて，ほぼ同様の内容になっています。

　これらの通達では，取引相場のない株式の価額は，「適正な売買実例価額」がある場合にはその価額により，「類似する法人の株式等の価額」がある場合にはこれを比準して推定した価額によって算定し（所基通23〜35共－9，法基通4－1－5），これらがない場合には「一定の条件」を付した上で，所得

税では「原則として」，法人税では「課税上弊害がない限り」，財産評価基本通達によって算定することになっています（所基通59－6，法基通4－1－6）。

この「原則として」と「課税上弊害がない限り」はさほど相違があるとは思えません。どんな場合でも必ず評価通達で算定するとは限らないという程度の意味であって，例えば，通達どおりに算定すると著しく不適当な価額になるケース，つまり租税回避などに対応するためでしょう。

ところで，取引相場のない株式の場合，「適正な売買実例価額」はあるのでしょうか。実際に，金融機関との取引における売買価額を「適正な売買実例価額」として課税庁側が主張したものの敗訴するなど，納税者側も含め，訴訟において実際の売買価額が「適正な売買実例価額」と認定されたケースは数少ないと思います。

さらに「類似する法人の株式等の価額」の判定も同様であり，実務上，「適正な売買実例価額」がなく，「類似する法人の株式等の価額」も存在しないので，評価通達によって評価せざるを得ないことになります。

3　評価方法

相続税は，相続開始時における時価によって課税価格を算定することになっていて（相法22），その具体的な算定方法を定めたものが評価通達です。

相続税では，「評価の安全性」に配慮した結果，本来あるべき時価より低い価額となる場合があるので，所得税・法人税では，その開差が大きいと考えられる点については是正，すなわち「一定の条件」を付しています。それは，次のとおりです。

① 「中心的な同族株主」に該当する場合には「小会社」として算定する。
② 土地等又は上場株式は譲渡等の時の時価とする。
③ 法人税額等相当額を控除しない。

4　一定の条件の内容

(1)　「中心的な同族株主」に該当する場合

　取引相場のない株式の時価は，評基通では会社の規模によって類似業種比準方式と純資産価額方式のいずれか又は併用となり，従業員が100人以上いれば，評価上の会社区分が「大会社」となり，純資産価額の方が低い場合は別として，純資産価額に関係なく類似業種比準価額となります。

　一般に類似業種比準価額の方が純資産価額より低く，その開差が倍以上となることも多く見受けられます。単純にいうと本来あるべき時価の半額以下になるということです。

　ところで，「中心的な同族株主」とは，いわゆる近親者や子会社の議決権割合が25％以上の場合の株主のことで，その会社の実質支配者グループです。このような「中心的な同族株主」が買主であるときには，購入する株式の会社区分が大会社であっても，類似業種比準方式のみでなく，純資産価額も考慮する必要があります。

　そこで，会社区分を小会社にすることによって，少なくとも類似業種比準価額は半分しかウエイト付けをしないものと考えられます。

(2)　土　地　等

　評価通達では，土地等は路線価又は倍率方式によって算定されますが，土地等の評価額は技術上1年間同じ価額にならざるを得ないことや相続税納付のための売り急ぎによる売却価額の低下もあること等から，路線価等は公示価格の80％程度の水準になっています。

　法人との株式売買においては，このようなしんしゃくは必要なく，土地等は，本来の時価により評価します。

(3)　上　場　株　式

　評価通達では，課税時期の終値，その月の平均額，前月の平均額及び前々月の平均額のいずれか低い額によって算定されます。

　これは，上場株式の価額は日々刻々と変わりますが，金融取引所の取引価格

はその時々の需給関係による値動きがあるため，一時点における需給関係による偶発性を排除し，ある程度の期間における取引価格の実勢をも評価の判断要素として考慮し，評価上のしんしゃくを行う必要があるからです。

　法人との株式売買においては，このようなしんしゃくは必要なく，上場株式は，譲渡日の終値とすれば問題はないでしょう。

(4)　法人税額等相当額

　純資産価額の計算上，評価差額に対する法人税額等相当額は，平成28年4月1日以降から37％になりました。

　確かに，法人が所有する資産の売却による利益，いわゆる含み益が実現すると，法人税等の対象となります。

　しかし，この法人税額等相当額を控除する趣旨は，相続税において，個人が株式等の所有を通じて会社の資産を間接的に所有している場合と，個人事業主として直接的に事業用資産を所有する場合との評価上の均衡を図る，つまり法人が解散して株主に支払われる分配金の金額（清算価値）を求めてその価額を算定していることにあります。

　法人との株式売買において法人税額等相当額を控除しないとされているのは，その会社が継続的に事業活動を行うことを前提として売買されるものですから，このような評価上の均衡を図る必要はないと考えられるからです。

（松岡　章夫）

2 会社規模区分の判定等　評基通178, 181-2

事例04　円滑化法で中小企業者に該当する場合の会社規模の判定

　会社規模により，取引相場のない株式の評価方法が異なるとのことですが，私が経営する会社は，「会社法」の大会社には該当せず，「中小企業における経営の承継の円滑化に関する法律」（以下「円滑化法」といいます）の対象となる中小企業者です。この場合，財産評価基本通達において，会社規模の判定はどのように行うのでしょうか。

解説

　会社規模の判定は，財産評価基本通達で定められている区分に応じて行うこととなります。

規模区分	区分の内容		総資産価額及び従業員数	直前期末以前1年間における取引金額
大会社	従業員数が70人以上の会社又は右のいずれかに該当する会社	卸売業	20億円以上（従業員数が35人以下の会社を除く）	30億円以上
		小売・サービス業	15億円以上（従業員数が35人以下の会社を除く）	20億円以上
		卸売業，小売・サービス業以外	15億円以上（従業員数が35人以下の会社を除く）	15億円以上
中会社	従業員数が70人未満の会社で右のいずれかに該当する会社（大会社に該当する場合を除く）	卸売業	7,000万円以上（従業員数が5人以下の会社を除く）	2億円以上30億円未満
		小売・サービス業	4,000万円以上（従業員数が5人以下の会社を除く）	6,000万円以上20億円未満
		卸売業，小売・サービス業以外	5,000万円以上（従業員数が5人以下の会社を除く）	8,000万円以上15億円未満

		卸売業	7,000万円未満又は従業員数が5人以下	2億円未満
小会社	従業員数が70人未満の会社で右のいずれにも該当する会社	小売・サービス業	4,000万円未満又は従業員数が5人以下	6,000万円未満
		卸売業，小売・サービス業以外	5,000万円未満又は従業員数が5人以下	8,000万円未満

　会社法で「大会社」とは，最終事業年度に係る貸借対照表（定時株主総会で承認又は報告された貸借対照表）に計上した資本金の額が5億円以上であるか，負債の合計額が200億円以上である会社をいいます。

　また，円滑化法の対象となる中小企業者の範囲は右のとおりです。

	資本金	又は	従業員数
製造業その他	3億円以下		300人以下
ゴム製品製造業（自動車又は航空機用タイヤ及びチューブ製造業並びに工業用ベルト製造業を除く）	3億円以下		900人以下
卸売業	1億円以下		100人以下
小売業	5,000万円以下		50人以下
サービス業	5,000万円以下		100人以下
ソフトウェア・情報処理サービス業	3億円以下		300人以下
旅館業	5,000万円以下		200人以下

　一方，財産評価基本通達では，評価対象会社の業種区分に応じて，従業員数，総資産価額，取引金額の3要素を基に大会社・中会社・小会社に区分しています。

1　業種区分について

　業種区分は，「卸売業」，「小売・サービス業」又は「卸売業，小売・サービス業以外」に区分されています。このいずれの業種に該当するかは，直前期末以前1年間における取引金額に基づいて判定します。

　また，取引金額のうちに2以上の業種に係る取引金額が含まれている場合に

は，取引金額のうち最も多い取引金額の業種によって判定します。

　評価対象会社が，いずれの業種区分に該当するかは，まず，日本標準産業分類でどの業種目に分類されているかを調べます。そして，「類似業種比準価額計算上の業種目及び類似業種の株価等の計算方法等について（情報）」（平成29年6月13日資産評価企画官情報）を基に，上記3つのいずれに区分されているかを確認します。

　たとえば，評価対象会社が不動産賃貸業を行っている場合は，上記情報では次のように分類されており，会社規模の判定をする際は「卸売業，小売・サービス業以外」に該当することとなります。

日本標準産業分類の分類項目			類似業種比準価額計算上の業種目		番号	規模区分を判定する場合の業種
大分類			大分類			
	中分類			中分類		
		小分類			小分類	
K	不動産業・物品賃貸業		不動産業・物品賃貸業		92	卸売業，小売・サービス業以外
	69　不動産賃貸業・管理業		不動産賃貸業・管理業		94	
		691　不動産賃貸業（貸家業，貸間業を除く）				
		692　貸家業，貸間業				
		693　駐車場業				
		694　不動産管理業				

2　従業員数について

(1)　従業員の範囲

　社長，理事長並びに法人税法施行令71条（使用人兼務役員とされない役員）1項1号，2号及び4号に掲げる役員は含まれません。

(2)　従業員数のカウント

　次の算式で行います。

$$継続勤務従業員数（①）+ \frac{継続勤務従業員以外の従業員の労働時間の合計時間数（②）}{1,800時間}$$

① 継続勤務従業員

　直前期末以前1年間においてその期間継続して評価対象会社に勤務していた従業員のことをいいます。

　ただし，就業規則等で定められた1週間当たりの労働時間が30時間未満である従業員は除かれます。

② 上記①以外の従業員

　上記継続勤務従業員を除く直前期末以前1年間において評価対象会社に勤務していた従業員のその1年間における労働時間の合計時間数を従業員1人当たり年間平均労働時間数（1,800時間）で除して求めます。

(参考)
　「非上場株式等についての贈与税・相続税の納税猶予制度」において，「常時使用従業員の数」を数える必要がありますが，この場合の「常時使用従業員」とは，会社の従業員で，①厚生年金保険法9条，船員保険法2条1項又は健康保険法3条1項に規定する被保険者，②会社と2月を超える雇用契約を締結している者で75歳以上である者をいい，「常時使用従業員の数」は，①と②の人数を数えることとなります。

3　総資産価額

「総資産価額（帳簿価額によって計算した金額）」は，課税時期の直前に終了した事業年度の末日（「直前期末」）における評価会社の各資産の帳簿価額の合計額です。

4　取引金額

「直前期末以前1年間における取引金額」は，その期間における評価対象会社の目的とする事業に係る収入金額（金融業・証券業については収入利息及び収入手数料）です。通常，直前期の売上高がこれに該当し，営業外収入や特別利益は含まれません。

(山岡　美樹)

2 会社規模区分の判定等　評基通178

事例05　事業年度の変更がある場合の会社規模の判定等

　非上場会社A社は，財産評価基本通達で中会社に該当します。A社は，下記のとおり事業年度の変更を行っていることから課税時期（X年4月10日）の直前期（平成X－1年7月1日～平成X年3月31日）の事業年度が1年未満（9カ月）となっています。この場合，評価通達178における会社規模区分の判定上の「直前期末以前1年間における取引金額」，評価通達183における「直前期の1株当たりの利益金額」は直前期の取引金額，利益金額でもよいのでしょうか。

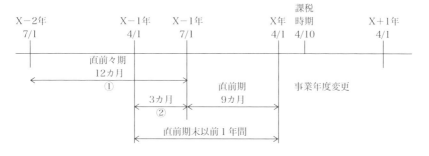

解説

　会社規模を判定する際の「直前期末以前1年間における取引金額」，類似業種比準価額を求める際の「1株当たりの利益金額」は，直前事業年度の期間が1年未満であることから，1年間（X－1年4月1日～X年3月31日）の取引金額，利益金額を基に計算することになります。

1 会社規模の判定

次の点に注意が必要です。

(1) 直前期末以前1年間における取引金額

この場合の取引金額は，直前期末以前1年間における評価会社の目的とする事業に係る収入金額をいうことから，直前期の期間（X－1年7月1日からX年3月31日（9カ月間））ではなく，課税時期の直前期末（X年3月31日）以前の1年間である，X－1年4月1日からX年3月31日の1年間における実際の取引金額によることとなります。

しかし，X－1年4月1日から同年6月30日まで（図の②）の3カ月間の取引金額を明確に区分することが困難な場合には，この期間に対応する取引金額については，X－2年7月1日からX－1年6月30日まで（図の①）の間の取引金額を月数であん分して求めた金額によっても差し支えないこととされています。

$$\text{直前々期末に終了した事業年度の取引金額（①の12カ月）} \times \frac{3\text{カ月（②の部分）}}{12\text{カ月}} = \text{②の期間に対応する取引金額に相当する金額}$$

(2) 従業員数

この場合の従業員数は，直前期末以前1年間においてその期間継続して評価会社に勤務していた継続勤務従業員の数に，直前期末以前1年間において評価会社に勤務していた従業員（継続勤務従業員を除きます）のその1年間における労働時間の合計時間数を従業員1人当たり年間平均労働時間数で除して求めた数を加算した数であることから，X－1年4月1日からX年3月31日の1年間におけるこれらの従業員数によることになります。

2 類似業種比準方式

類似業種比準価額の計算上，次の点に注意が必要です。

(1) 1株当たりの利益金額

この場合の利益金額は，直前期末以前1年間における法人税の課税所得金額

に，その所得の計算上益金に算入されなかった剰余金の配当等の金額及び損金に算入された繰越欠損金の控除額を加算した金額を，直前期末における発行済株式数で除して計算しますので，直前期は1年未満（X－1年7月1日からX年3月31日（9カ月間））であることから，X－1年4月1日からX年3月31日の1年間に対応する期間の利益の金額を求めることになります。

ところで，X－1年4月1日から同年6月30日まで（図の②）の3カ月間の利益金額を算定することが困難な場合には，この期間に対応する利益金額に相当する金額について，X－2年7月1日からX－1年6月30日まで（図の①）の間の利益金額を月数であん分して求めた金額によっても差し支えないこととされています。

$$\text{直前々期末に終了した事業年度の利益金額(①の12カ月)} \times \frac{3\text{カ月}(\text{②の部分})}{12\text{カ月}} = \text{②の期間に対応する利益金額に相当する金額}$$

(2) 1株当たりの配当金額

この場合の配当金額は，直前期末以前2年間におけるその会社の剰余金の配当金額（特別配当，記念配当等のうち，将来毎期継続することが予想できない金額を除く）の合計額の2分の1に相当する金額を，直前期末における発行済株式数で除して計算した金額です。ここで，「直前期」は1年未満の事業年度であることから，直前期末（X年3月31日）以前1年間に対応する期間に配当金交付の効力が発生した剰余金の配当金額の総額によることとなります。

3 その他

評価通達185で定める1株当たりの純資産価額は，課税時期における各資産をこの通達に定めるところにより評価した価額の合計額から課税時期における各負債の金額の合計額及び評価差額に対する法人税額等に相当する金額を控除した金額を課税時期における発行済株式数で除して計算します。

ところで，評価会社が課税時期において仮決算を行っていないため，課税時期における資産及び負債の金額が明確でない場合において，課税時期における各資産及び各負債の金額を，直前期末（X年3月31日）の資産及び負債の帳

簿価額を基に課税時期の相続税評価額により計算しても差し支えないこととされています。しかし、この仮決算によらない方法は、あくまでも評価額の計算に影響が少ないと認められるときに採用できる方法であることから、その採用に当たっては、その事業年度に係る期末の資産及び負債によっても評価額の計算に影響が少ないか否かを判断する必要があります。

(山岡　美樹)

2　会社規模区分の判定等　評基通178

事例06　従業員数を判定する場合の従業員の範囲

　非上場会社の株式の評価において，会社規模を判定する際に従業員数が問題となります。正社員の中には週2日勤務や週3日勤務の者がおり，さらに，昨年から正社員を増員しましたが，正社員はすべて継続勤務従業員でよいのでしょうか。また，出向中の者や人材派遣会社より派遣されている者はどちらの会社の従業員となるのでしょうか。

解説

　正社員であっても，すべて継続勤務従業員となるわけではありません。また，出向中の者や派遣社員については，雇用関係や勤務実態を確認して判定します。

1　従業員数

　非上場会社の価額は，その会社の規模に応じて，①上場会社に匹敵するような大会社の株式は上場株式とのバランスを考慮した類似業種比準方式，②個人企業とそれほど変わらない小会社の株式は純資産価額方式及び③これらの中間にある中会社の株式は大会社と小会社の併用方式によって評価することとなります（評基通179）。

　この会社規模の判定において，総資産価額及び取引金額とともに従業員数がその判定要素となっています（評基通178）。

　ところで，平成6年の財産評価基本通達の改正前は，この会社規模の判定基準のうち従業員数がなく，資本金1億円以上の会社はすべて大会社となっていました。

　会社規模は，企業として社会的に機能し，活発に営利活動を行っている状態の大きさを意味しますが，従来の資本金1億円という基準は，このような企業

活動の実態を適切に反映するものとはいえなくなっていました。

　そこで，企業活動の実態を適切に反映するよう従業員数基準が導入されました。従業員数は，既に中小企業基本法において「中小企業者」の定義として使用されている従業員規模が導入され，この場合の従業員規模は，資本金が1億円である会社の平均従業員数が概ね100人強と認められることから，従業員数100人以上の会社は大会社となりました。

　また，平成29年1月1日からは従業員数70人以上の会社は大会社となりました。

2　継続勤務従業員

　上記の従業員数は，継続勤務従業員の数とそれ以外の従業員の数（年間労働時間を1,800時間で除したもの）との合計数（社長等の役員は除きます）となりますが，この「継続勤務従業員」とは，直前期末以前1年間においてその期間継続してその会社に勤務していた従業員（就業規則等で定められた1週間当たりの労働時間が30時間未満である従業員を除きます）のことをいいます（評基通178(2)）。

　ところで，正社員を単純に1名でカウントすると，週2日勤務の者と週3日勤務の者の計2名がいる会社と週5日勤務の者1名がいる会社とを比較した場合に，会社規模がほぼ同様であっても，異なる従業員数となってしまいます。

　また，従業員数基準とともに判定要素となっている取引金額は直前期末以前1年間の合計額であり，総資産価額も直前期末以前1年間の損益を反映した最終的な価額であることからみれば，従業員数の判定においても，直前期末以前1年間を通じた従業員数でないと適切ではありません。

　したがって，正社員であっても，勤務時間の短い者や直前期末以前1年間継続して勤務していない者は，単純に継続勤務従業員としてカウントせずに，年間労働時間を1,800時間で除して比較することとされています。

3　出向中の者

　いわゆる出向とは，人事上の籍を残すなど，元の会社と何らかの関係を保ちながら，その会社の関連会社等との間に新たに雇用契約を結んで継続的にその関連会社等で勤務することをいいます。

　ところで，従業員数基準は，上記のように企業活動の実態を適切に反映するよう導入されたことからすれば，ここでいう従業員とは，原則として，評価する会社との雇用契約に基づき使用される個人で賃金が支払われている者をいうものと考えられます。

　そうすると，出向元との雇用関係が解消され，出向先で雇用されている出向者の場合には，出向元ではなく，出向先の従業員としてカウントすることになります。

4　人材派遣会社に登録されている者（派遣元の会社）

　いわゆる人材派遣会社に登録されている者とは，「労働者派遣事業の適正な運営の確保及び派遣労働者の就業条件の整備等に関する法律（昭和60年法律第88号）」（労働者派遣法）に規定する派遣労働者のことで，この派遣労働者とは，事業主が，自己の雇用する労働者を当該雇用関係の下に，かつ，他人の指揮命令を受けて，当該他人のために労働に従事させることをいいます（労働派遣法2①②）。

　これに基づけば，派遣労働者は，上記の「会社との雇用契約に基づき使用される個人で賃金が支払われている者」に該当しますので，派遣元の会社の従業員としてカウントすることになります。

　この場合の雇用形態は，次の2通りがあり，評価通達178⑵の従業員数の判定に当たっては，①は「継続勤務従業員」以外の従業員となり，②は「継続勤務従業員」となります。

　①　通常は派遣労働者が派遣元事業者に登録されるのみで，派遣される期間に限り，派遣元事業者と派遣労働者との間で雇用契約が締結され賃金が支

払われるケース

② 派遣労働者が派遣元事業者との雇用契約関係に基づく従業員（社員）であり、派遣の有無にかかわらず、派遣元事業者から賃金が支払われるケース

5　人材派遣会社より派遣されている者（派遣先の会社）

　一方、人材派遣会社より派遣されている者は、「会社との雇用契約に基づき使用される個人で賃金が支払われている者」に該当しないことから、派遣先の会社の従業員としてカウントされないことになります。

　しかし、現在における労働力の確保は、リストラ、人件費などの管理コスト削減のため、正社員の雇用のみで対応するものではなく、臨時、パートタイマー、アルバイターの採用など多様化しており、派遣労働者の受け入れもその一環であると認められます。

　確かに派遣労働者と直接の雇用契約はないものの、派遣先の会社は賃金のかわりに派遣元の会社へ派遣の対価を支払っていることからみれば、実質的に派遣先における従業員と認めても差し支えないと考えられること等から、派遣先の会社における従業員数については、受け入れた派遣労働者の勤務実態に応じて継続勤務従業員とそれ以外の従業員に区分した上で判定しても差し支えありません。

（松岡　章夫）

第2章

株式評価における株主区分の判定

本章における基本的な考え方

　本章では，株主区分の判定に係る事例を取り扱います。

　非上場株式を発行している会社の事業規模はさまざまであり，その株主構成も一律ではありません。その株式の評価に当たっては，それぞれの会社の規模などに応じて評価する必要があり，また，株式を取得する株主によって，その株式の価値は，異なることになります。そこで，財産評価基本通達では，非上場株式の評価に当たって，その実態に即して評価できるように規定しています。また，少数株主など会社に対する支配力の弱い株主が取得した株式については配当還元方式という例外的な評価方法が適用できるように定めています。

　具体的には，財産評価基本通達では，「同族株主」，「中心的な同族株主」，「中心的な株主」などの定義を設け，株主の支配力を測定します。それらの定義などを事例で記載しています。

　また，株主に法人がいる場合（事例01，07），中小企業投資育成会社が株主にいる場合（事例09），自己株式がある場合（事例08），株式を相互に持ち合っている場合（事例10，11）などの特殊な事例も取り上げています。

　一般的には，配当還元方式による株価は，原則的な評価方法である「類似業種比準方式」，「純資産価額方式」による株価よりは低くなりますので，株主区分の判定は非常に重要なものとなります。

1 同族株主のいる会社の評価方式の判定

区分	株主の態様				評価方式
同族株主のいる会社	同族株主(注1)	取得後の議決権割合が5％以上の株主			原則的評価方式
		取得後の議決権割合が5％未満の株主	中心的な同族株主(注2)がいない場合		
			中心的な同族株主がいる場合	中心的な同族株主	
				役員(注3)である株主又は役員となる株主	
				その他の株主	配当還元方式
	同族株主以外の株主				

2 同族株主のいない会社の評価方式の判定

区分	株主の態様				評価方式
同族株主のいない会社	議決権割合の合計が15％以上の株主グループに属する株主	取得後の議決権割合が5％以上の株主			原則的評価方式
		取得後の議決権割合が5％未満の株主	中心的な株主(注4)がいない場合		
			中心的な同族株主がいる場合	役員である株主又は役員となる株主	
				その他の株主	配当還元方式
	議決権割合の合計が15％未満の株主グループに属する株主				

(注1) 同族株主とは，課税時期におけるその株式の発行会社の株主のうち，株主の1人及びその同族関係者の有する議決権の合計数がその会社の議決権総数の30％以上である場合におけるその株主及びその同族関係者をいう。
　　　ただし，その株式の合計数が最も多いグループの属する議決権の合計数が，その会社の議決権総数の50％超である会社では，その50％超の議決権割合を有するグループに属する株主のみが同族株主となる。
(注2) 中心的な同族株主とは，同族株主のいる会社の株主で，課税時期において同族株主の1人並びにその株主の配偶者，直系血族，兄弟姉妹及び1親等の姻族（これらの者が有する株式の合計数がその会社の議決権総数の25％以上である会社を含む）の有する議決権の合計数がその会社の議決権総数の25％以上である場合におけるその株主をいう。
(注3) 役員とは，社長，理事長並びに法人税法施行令71条1項1号，2号，4号に掲げる者をいう。

(使用人兼務役員とされない役員)
法人税法施行令第71条
　法第34条第5項(使用人としての職務を有する役員の意義)に規定する政令で定める役員は、次に掲げる役員とする。
　一　代表取締役、代表執行役、代表理事及び清算人
　二　副社長、専務、常務その他これらに準ずる職制上の地位を有する役員
　四　取締役(指名委員会等設置会社の取締役及び監査等委員である取締役に限る。)、会計参与及び監査役並びに監事

(注4) 中心的な株主とは、同族株主のいない会社の株主で、課税時期において株主の1人及びその同族関係者の有する議決権の合計数がその会社の議決権総数の15%以上である株主グループのうち、いずれかのグループに単独でその会社の議決権総数の10%以上の株式を有している株主がいる場合におけるその株主をいう。

評基通188

評価会社の同族株主判定

被相続人甲は，A社の株式を1万株保有していました。A社の株式総発行株数は10万株で，甲の友人の乙，丙が1万株ずつと，B社が7万株保有しています。また，B社の株式総発行株数は1万株でその株主は，甲の子丁が4,000株と，乙3,000株，丙が3,000株となっています。甲の保有していたA社株式を丁が相続することになりましたが，その評価の方法はどうなるでしょうか。A社，B社とも取引相場のない株式です。

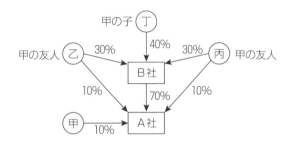

解説

A社の株式の評価方法は，配当還元方式によることになります。

1　取引相場のない株式の評価上の区分

取引相場のない株式の価額は，評価会社が大会社，中会社又は小会社のいずれに該当するかに応じて，それぞれ評価します。ただし，同族株主以外の株主等が取得した株式の価額は，財産評価基本通達188（同族株主以外の株主等が取得した株式）の定めによって評価します（評基通178）。

この場合における「同族株主」とは，課税時期における評価会社の株主のうち，株主の1人及びその同族関係者（法人税法施行令4条（同族関係者の範

囲）に規定する特殊の関係のある個人又は法人をいう。以下同じ）の有する議決権の合計数がその会社の議決権総数の30％以上（その評価会社の株主のうち，株主の１人及びその同族関係者の有する議決権の合計数が最も多いグループの有する議決権の合計数が，その会社の議決権総数の50％超である会社にあっては，50％超）である場合におけるその株主及びその同族関係者をいいます（評基通188）。

2　同族関係者の範囲

(1)　特殊の関係のある個人

次に掲げる者です（法令４①）。

① 株主等の親族
② 株主等と婚姻の届出をしていないが事実上婚姻関係と同様の事情にある者
③ 株主等（個人である株主等に限る。④において同じ）の使用人
④ ①から③に掲げる者以外の者で株主等から受ける金銭その他の資産によって生計を維持しているもの
⑤ ②から④に掲げる者と生計を一にするこれらの者の親族

(2)　特殊の関係のある法人

次に掲げる会社です（法令４②，③）。

① 判定しようとする会社の株主等（当該会社が自己の株式又は出資を有する場合の当該会社を除く。以下「判定会社株主等」という）の１人（個人である判定会社株主等については，その１人及びこれと(1)に規定する特殊の関係のある個人をいう）が他の会社を支配している場合における当該他の会社
② 判定会社株主等の１人及びこれと①に規定する特殊の関係のある会社が他の会社を支配している場合における当該他の会社
③ 判定会社株主等の１人及びこれと①，②に規定する特殊の関係のある会社が他の会社を支配している場合における当該他の会社

(3) 他の会社を支配している場合

次に掲げる場合のいずれかに該当する場合をいいます。

① 他の会社の発行済株式又は出資（その有する自己の株式又は出資を除く）の総数又は総額の100分の50を超える数又は金額の株式又は出資を有する場合

② 他の会社の次に掲げる議決権のいずれかにつき，その総数（当該議決権を行使することができない株主等が有する当該議決権の数を除く）の100分の50を超える数を有する場合

　イ　事業の全部若しくは重要な部分の譲渡，解散，継続，合併，分割，株式交換，株式移転又は現物出資に関する決議に係る議決権

　ロ　役員の選任及び解任に関する決議に係る議決権

　ハ　役員の報酬，賞与その他の職務執行の対価として会社が供与する財産上の利益に関する事項についての決議に係る議決権

　ニ　剰余金の配当又は利益の配当に関する決議に係る議決権

③ 他の会社の株主等（合名会社，合資会社又は合同会社の社員（当該他の会社が業務を執行する社員を定めた場合にあっては，業務を執行する社員）に限る）の総数の半数を超える数を占める場合

3　ご質問のケース

A社の株主のうち，B社が同族株主に該当するか否かを判定する必要があります。前述のとおり，同族関係者とは株主の1人及びその特殊の関係のある個人又は特殊の関係のある法人をいいます。乙と丙は，特殊の関係のある個人に該当しませんから，B社が特殊の関係のある法人に該当するか否かを検討することになります。B社の株式のうち40％を丁が所有をしていますが，50％超は保有しておらず，会社を支配していませんので，B社は丁の同族関係者とはなりません。したがって，丁はA社の株式のうち10％しか所有しておらず同族株主とはなりません。

次に検討すべきことは，A社に丁以外の者の中で同族株主がいるのかどうか

です。前述のとおり，同族株主とは，株主の1人及びその同族関係者の有する議決権の合計数がその会社の議決権総数の30％以上又は50％超である場合のその株主及びその同族関係者をいいますが，その株主を個人に限定はしていません。したがって，A社の株主の中で，B社が70％の株式を保有していますので，B社がA社の同族株主に該当することになります。

　まとめますと，A社は，同族株主のいる会社となり，同族株主のいる会社の株主のうち，同族株主以外の株主の取得した株式については，配当還元方式による評価となります（評基通188(1)）ので，丁が取得したA社株式は原則評価ではなく，配当還元方式による評価となります。

（松岡　章夫）

評基通188

事例02 同族株主がいない会社の株主の議決権割合の判定

　私（甲）と私のいとこの子（乙）は，A社が発行する取引相場のない株式を所有していました。A社は，同族株主のいない会社であり，また，中心的な同族株主もいない会社です。乙の相続人は，配偶者，長男，次男の3名ですが，株式の分割方法によって株式の評価方法が変わるのでしょうか。A社の発行済株式のうち，甲は15％，乙は8％を保有し，議決権割合も同数です。

【株式の分割案】
1案：配偶者がすべて取得する場合
2案：長男あるいは次男がすべて取得する場合
3案：長男と次男で均等に取得する場合
4案：法定相続分で取得する場合
5案：未分割の場合

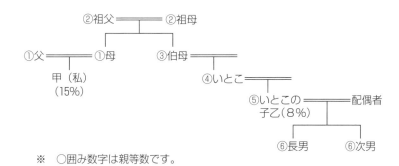

※　○囲み数字は親等数です。

解説

（1案）　配当還元方式
（2案）　原則的評価方式
（3案）　配当還元方式
（4案）　配当還元方式

（5案）　配偶者は配当還元方式，長男・次男は原則的評価方式

1　株主の判定方法

　配当還元方式により計算を行うことができるのは，同族株主以外の株主等が取得した株式で，次のいずれかに該当する株式をいいます（評基通178，188）。

(1)　同族株主のいる会社の株式のうち，同族株主以外の株主の取得した株式

　同族株主とは，課税時期における評価会社の株主のうち，株主の1人及びその同族関係者（法人税法施行令4条に規定する特殊の関係のある個人又は法人をいいます）の有する議決権の合計数がその会社の議決権総数の30％以上（株主の1人及びその同族関係者の有する議決権の合計数が最も多いグループが，その会社の議決権総数の50％超である会社は，50％超）である場合におけるその株主及びその同族関係者をいいます。

(2)　中心的な同族株主のいる会社の株主のうち，中心的な同族株主以外の同族株主で，その者の株式取得後の議決権の数がその会社の議決権総数の5％未満であるものの取得した株式

　ただし，課税時期において評価会社の役員（社長，理事長並びに法人税法施行令71条1項1号，2号及び4号に掲げる者）である者及び課税時期の翌日から法定申告期限までの間に役員となる者は除かれます。

　中心的な同族株主とは，課税時期において同族株主の1人並びにその株主の配偶者，直系血族，兄弟姉妹及び1親等の姻族の有する議決権の合計数がその会社の議決権総数の25％以上である場合におけるその株主をいいます。

(3)　同族株主のいない会社の株主のうち，課税時期において株主の1人及びその同族関係者の有する議決権の合計数が，その会社の議決権総数の15％未満である場合におけるその株主の取得した株式

(4) 中心的な株主がおり，かつ，同族株主のいない会社の株主のうち，課税時期において株主の1人及びその同族関係者の有する議決権の合計数がその会社の議決権総数の15％以上である場合におけるその株主で，その者の株式取得後の議決権の数がその会社の議決権総数の5％未満であるもの（(2)の役員である者及び役員となる者を除きます）の取得した株式

中心的な株主とは，課税時期において株主の1人及びその同族関係者の有する議決権の合計数がその会社の議決権総数の15％以上である株主グループのうち，いずれかのグループに単独でその会社の議決権総数の10％以上の議決権を有している株主がいる場合におけるその株主をいいます。

A社は，同族株主のいない会社であり，中心的な同族株主もいない会社であるため，(1)(2)に該当しないことから，(3)(4)に該当するかを検討します。

2　配偶者がすべて取得する場合

乙の配偶者は，甲の親族（親族の範囲：六親等内の血族，配偶者，三親等内の姻族）に該当しません。したがって，上記(3)の「株主の1人（配偶者）及びその同族関係者（長男と次男）の有する議決権の合計数（8％）が15％未満となる株主」に該当し，配当還元方式になります。

3　長男あるいは次男がすべて取得する場合

乙の長男及び次男と甲とは六親等内の血族に該当し，親族関係があります。その議決権総数（23％）は，15％を超えることから上記(3)に該当しません。また，長男が単独で取得する場合（8％），あるいは，次男が単独で取得する場合（8％）は，5％を超えることから上記(4)にも該当しません。したがって，原則的評価方法になります。

4　長男と次男で均等に取得する場合

乙の長男・次男と甲は親族に該当し，上記(3)に該当しないことから，上記(4)

により判定します。長男及び次男の株式の取得割合（4％）は，それぞれ議決権総数の5％未満であることから配当還元方式になります。

なお，A社の役員である場合や相続税の申告期限までにA社の役員になる場合は，原則的評価方式になります。

5 法定相続分で取得する場合

乙の配偶者の取得割合は4％，長男の2％と次男の2％を併せて「株主の1人及びその同族関係者の有する議決権の合計数（8％）」が15％未満となり，上記(3)に定める株主に該当し，配当還元方式になります。

乙の長男・次男と甲は親族に該当し，上記(3)に該当しないことから，上記(4)により判定します。長男及び次男の株式の取得割合（2％）は，それぞれ議決権総数の5％未満であることから配当還元方式になります。

なお，長男や次男がA社の役員である場合や相続税の申告期限までにA社の役員になる場合は，原則的評価方式になります。

6 株式が未分割の場合

相続人間で遺産分割協議が整っていない状況で，取引相場のない株式を評価する場合は，相続人ごとに，所有する株式数に未分割の株式数の全部（8％）を加算した数に応じた議決権数として判定します。したがって，配偶者は上記2により配当還元方式，長男・次男は上記3により原則的評価方式になります。

（山岡　美樹）

評基通188

事例03 配当還元方式の適用の可否を決める役員の範囲

　非上場株式の相続税評価を算出しています。評価会社には同族株主及び中心的な同族株主がいますが，株式の取得者の中に同族株主には入るものの取得後の議決権割合が4％の者（甲）がいます。甲は，平取締役なのですが，原則評価になるでしょうか。教えてください。

解説

　平取締役は，財産評価基本通達にいう役員には該当しませんので，他の要件を満たせば，配当還元方式が適用できます。

1　同族株主以外の株主等が取得した株式

　取引相場のない株式の評価上，「同族株主以外の株主等が取得した株式」は，配当還元方式による評価となります（評基通178）。
　「同族株主以外の株主等が取得した株式」は，次のいずれかに該当する株式をいいます（評基通188）。
(1)　同族株主のいる会社の株主のうち，同族株主以外の株主の取得した株式
(2)　中心的な同族株主のいる会社の株主のうち，中心的な同族株主以外の同族株主で，その者の株式取得後の議決権の数がその会社の議決権総数の5％未満であるもの（課税時期において評価会社の役員（社長，理事長並びに法人税法施行令71条1項1号，2号及び4号に掲げる者をいう。以下この項において同じ）である者及び課税時期の翌日から法定申告期限までの間に役員となる者を除く）の取得した株式
(3)　同族株主のいない会社の株主のうち，課税時期において株主の1人及びその同族関係者の有する議決権の合計数が，その会社の議決権総数の15％未

満である場合におけるその株主の取得した株式
(4) 中心的な株主がおり，かつ，同族株主のいない会社の株主のうち，課税時期において株主の1人及びその同族関係者の有する議決権の合計数がその会社の議決権総数の15％以上である場合におけるその株主で，その者の株式取得後の議決権の数がその会社の議決権総数の5％未満であるもの（(2)の役員である者及び役員となる者を除く）の取得した株式

2　法人税法上の役員の範囲

　上記**1**(2)と(4)に役員という要件が出てきます。法人税法上，役員の定義は，「法人の取締役，執行役，会計参与，監査役，理事，監事及清算人並びにこれら以外の者で法人の経営に従事している者のうち政令で定めるもの」と定められています（法法2十五）。そして，政令では，1号において，「法人の使用人（職制上使用人としての地位のみを有する者に限る。次号において同じ。）以外の者でその法人の経営に従事しているもの」と定め，2号において，「同族会社の使用人のうち，第71条第1項第5号イからハまで（使用人兼務役員とされない役員）の規定中「役員」とあるのを「使用人」と読み替えた場合に同号イからハまでに掲げる要件のすべてを満たしている者で，その会社の経営に従事しているもの」と規定しています（法令7）。
　法人税では，役員給与の損金不算入の規定（法法34）などがあり，役員の範囲について実質判定をするなど，かなり広いものとなっています。

3　評価通達上の役員の範囲

　しかし，配当還元方式の適用の可否を決める役員の範囲は，上記**1**にあるように，法人税法上の役員とは範囲が異なります。つまり，役員を「社長，理事長並びに法人税法施行令第71条第1項第1号，第2号及び第4号に掲げる者をいう。」と定義しているためです。
　法人税法施行令71条1項1号，2号及び4号は次のような規定です。
　1号……代表取締役，代表執行役，代表理事及び清算人

2号……副社長，専務，常務その他これらに準ずる職制上の地位を有する役員

4号……取締役（委員会設置会社の取締役に限る），会計参与及び監査役並びに監事

そして，2号の「職制上の地位を有する役員」の意義については，定款等の規定又は総会若しくは取締役会の決議等によりその職制上の地位が付与された役員をいうこととされています（法基通9－2－4）。つまり，副社長と名乗っていても，定款，総会，取締役会などにより，職制上の地位が付与されていない場合には，それは平取締役に過ぎないことになります。

したがって，配当還元方式の適用の可否を決める役員の範囲は，法人税法上の役員の範囲よりはかなり狭く，また形式的に判定されることになります。

4　ご質問のケース

配当還元方式の適用の可否を決める役員の範囲は，上記3のとおりであり，甲は，平取締役ということですので，副社長，専務，常務その他これらに準ずる職制上の地位を有する役員ではありませんし，評価会社が委員会設置会社でなければ，この役員の範囲には入りません。同族株主がいる会社で，甲以外に中心的な同族株主がいれば，配当還元方式が適用できます。同族株主がいる場合の評価方法をまとめると次のようになります。

区分	株主の態様				評価方式
同族株主のいる会社	同族株主	取得後の議決権割合が5％以上の株主			原則的評価方式
		取得後の議決権割合が5％未満の株主	中心的な同族株主がいない場合		
			中心的な同族株主がいる場合	中心的な同族株主	
				役員である株主又は役員となる株主	
				その他の株主	配当還元方式
	同族株主以外の株主				

（松岡　章夫）

評基通188

事例04　株式が未分割である場合の判定

　被相続人Aの相続財産には，非上場会社甲社の株式があります。被相続人Aには子供がなく，相続人は配偶者B，被相続人の兄C弟Dと亡姉Eの代襲相続人である甥F・姪Gです。相続税の申告期限までには相続財産の分割が困難な状況にあります。このような場合，財産評価基本通達188「同族株主以外の株主等が取得した株式」の判定は，それぞれの相続人が，未分割の甲社株式を法定相続分により取得したものとして行ってもよろしいのでしょうか。

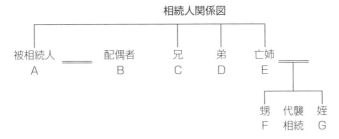

相続人関係図

甲社発行済株式数：750株（議決権数1株に1個）
被相続人Aの所有株式数：360株（議決権数360個）
※　被相続人は筆頭株主，他の株主は少数株主で親族関係なし

相続人	法定相続分	相続人	法定相続分
配偶者B	3／4	甥F	1／4×1／3×1／2
兄C	1／4×1／3	姪G	1／4×1／3×1／2
弟D	1／4×1／3		

解説

　相続税の申告書を提出する際に，株式が共同相続人及び包括受遺者の間において分割されていない場合の「同族株主以外の株主等が取得した株式」の判定は，それぞれの相続人が，未分割の甲社株式を法定相続分により取得したものとして行うことはできません。納税義務者であるそれぞれの相続人が，一旦未

分割に係る株式のすべてを取得したものとして判定します。

　相続税の申告書を提出する際に，株式が共同相続人及び包括受遺者の間において分割されていない場合は次により「同族株主以外の株主等が取得した株式」の判定を行います。

1　同族株主のいる会社か否かの判定

　同族株主のいる会社とは，株主の1人及びその同族関係者の有する議決権の合計数がその会社の議決権総数の30％以上（株主の1人及びその同族関係者の有する議決権の合計数が最も多いグループの有する議決権の合計数が，その会社の議決権総数の50％超である会社にあっては，50％超）である会社をいいます。

　同族株主とは，課税時期における評価会社の株主のうち，株主の1人及びその同族関係者（法人税法施行令4条（同族関係者の範囲）に規定する特殊の関係のある個人又は法人をいいます）をいいます。したがって，その判定は，納税義務者である相続人の属する同族関係者グループが相続開始直前に有していた議決権数に未分割の株式に応じた議決権数を含めて行います。

　事例の場合は，配偶者Bとその同族関係者（兄C，弟D，甥F，姪G）のグループが相続開始直前に有していた議決権数0個に未分割株式の議決権数360個を含めて判定することから，その割合は48％（360個／750個）となり甲社は同族株主のいる会社に該当します。

2　中心的な同族株主がいる会社か否の判定

　事例の場合，甲社は同族株主のいる会社であることから，同族株主のいる会社の同族株主のうちで，いずれかの同族株主グループの中に中心的な同族株主がいる場合における中心的な同族株主以外の株主で，株式取得後の議決権割合が5％未満である者（その会社の役員である者及び法定申告期限までの間に役員となる者は除きます）が取得した株式は，特例的評価方式（配当還元方式）

によることができます。

　中心的な同族株主とは，課税時期において同族株主の1人並びにその株主の配偶者，直系血族，兄弟姉妹及び1親等の姻族の有する議決権の合計数がその会社の議決権総数の25％以上である場合におけるその株主をいいます。したがって，その判定は，納税義務者である相続人の属するグループが相続開始直前に有していた議決権数に未分割の株式に応じた議決権数を含めて行います。

　事例において配偶者を同族株主の1人とした場合，被相続人の兄弟，甥姪は1親等の姻族には該当しません。しかし，配偶者の議決権数は360個（未分割株式の議決権数）で48％となることから，配偶者は中心的な同族株主となります。

　また，C，D，F，Gもそれぞれを同族株主の1人として判定しても，同様に中心的な同族株主に該当します。

　したがって，事例の場合は，相続人全員が原則的評価方式によることとなります。

　なお，同族株主のいない会社における中心的な株主（課税時期において株主の1人及びその同族関係者の有する議決権の合計数がその会社の議決権総数の15％以上である株主グループのうち，いずれかのグループに単独でその会社の議決権総数の10％以上の議決権を有している株主がいる場合におけるその株主をいいます）がいるか否か等の判定も同様に行います。

3　法定相続分で取得した場合

　仮に事例の場合で株式360株（個）を法定相続分により取得したとすると，配偶者Bは270株（個），兄C・弟Dはそれぞれ30株（個），甥F・姪Gはそれぞれ15株（個）を取得することとなります。

(1)　同族株主のいる会社か否かの判定

　同族株主のいる会社は，株主の1人及びその同族関係者の有する議決権の合計数がその会社の議決権総数の30％以上である会社をいいます。

　配偶者Bを中心に判定すると，その同族関係者にはC・D・F・Gが該当し

ますので議決権総数が48％となり同族株主のいる会社に該当します。

(2) 中心的な同族株主がいる会社か否か等の判定

　同族株主のいる会社に該当することから，次に中心的な同族株主がいる会社か否か等を判定することとなります。中心的な同族株主とは，課税時期において同族株主の1人並びにその株主の配偶者，直系血族，兄弟姉妹及び1親等の姻族の有する議決権の合計数がその会社の議決権総数の25％以上である場合におけるその株主をいいます。

　事例の場合は，配偶者Bを同族株主の1人とした場合の議決権の合計数の割合が36％となることから配偶者Bは中心的な同族株主となり，配偶者Bは，原則的評価方式によることとなります。

　一方，C・Dはそれぞれを同族株主の1人とした場合の議決権の合計数の割合は8％，F・Gはそれぞれを同族株主の1人とした場合の議決権の合計数の割合は4％であることから，中心的な同族株主以外の株主に該当します。また，C・D・F・Gは株式取得後の議決権割合が5％未満である者であることから，その会社の役員である者及び法定申告期限までの間に役員となる者でなければ，特例的評価方式（配当還元方式）によることができます。

（山岡　美樹）

評基通188

事例05 中心的な株主とは

　私（A）は，夫（B）が12％所有する甲社の株式のうち4％の贈与を受けました。甲社の他の株主構成は次のとおりです。この場合の甲社の株式の評価方法は，特例的評価方式（配当還元方式）でよいでしょうか。

　子（C）：8％／D（第三者）：8％／乙社（Dが株式の70％を保有）：8％／その他の親族関係のない者64名：各1％

解説

　①甲社には同族株主がいない，②Aは議決権割合が15％以上のグループに属し，③Aの取得する株式は5％未満及び④甲社には中心的株主に該当する者がいないので，原則的評価方式となります。

1　評価の方式

　取引相場のない株式のうち一般の会社の株式の価額は，類似業種比準方式との併用部分もありますが，純資産価額方式を基に算定することになっており，これを原則的評価方式といいます。
　一方，同族株主以外の株主等が取得した株式については，原則的評価方式によるのではなく，特例的評価方式である配当還元方式によって評価することとされています（評基通178）。
　これは，事業経営への影響の少ない少数株主が取得した株式については，これらの株主は単に配当を期待するにとどまるという実質のほか，評価手続の簡便性をも考慮して，本来の評価方式に代えて，特例的な評価方式である配当還元方式によることとしているものです。
　特例的評価方式の対象となる株主の区分は次表のとおりです（評基通188）。

会社区分	株主の態様による区分				評価方式
	株主区分				
同族株主のいる会社	同族株主	取得後の議決権割合5％以上の株主			原則的評価方式
		取得後の議決権割合5％未満の株主	中心的な同族株主がいない場合の株主		
			中心的な同族株主がいる場合の株主	中心的な同族株主	
				役員又は役員となる株主	
				その他の株主	特例的評価方式
	同族株主以外の株主				
同族株主のいない会社	議決権割合の合計が15％以上のグループに属する株主	取得後の議決権割合5％以上の株主			原則的評価方式
		取得後の議決権割合5％未満の株主	中心的な株主がいない場合の株主		
			中心的な株主がいる場合の株主	役員又は役員となる株主	
				その他の株主	特例的評価方式
	議決権割合の合計が15％未満のグループに属する株主				

(注)1 「グループ」とは，株主の1人及びその同族関係者（法令4に規定する親族等や議決権割合50％超の株式を有する場合の会社等）のことをいう。
　　2 「同族株主」とは，グループの有する議決権割合が30％以上（50％超のグループがいる場合には50％超）の場合の株主をいう。
　　3 「中心的な同族株主」とは，同族株主の1人並びにその配偶者，直系血族，兄弟姉妹及び1親等の姻族の議決権割合が25％以上の場合の株主をいう。
　　4 「中心的な株主」とは，同族株主のいない会社で，議決権割合が15％以上であるグループに属し，単独で10％以上の議決権を有している株主がいる場合におけるその株主をいう。

2 特例的評価方式の対象株主

　株式評価の原則である純資産価額方式とは，課税時期（相続開始日や受贈日）にその会社を清算するとしたら，1株当たりいくらの分配ができるのか計算をするということです。

株主が実際にこの分配を行う又はその分配額を多くしようとするためには，会社の経営への影響力が必要で，相当数の議決権割合を保有していることや役員であることなどが条件となりますが，そうでない株主にとっては非常に困難なことです。

　例えば，議決権割合が50％超の株主グループがいれば，会社の経営はその株主グループが支配していることから，それ以外の株主は，事実上，会社の経営への影響力はないことになります。

　また，会社を清算して分配金を受けようとしても，議決権割合10％以上の株主でないと，清算の前提となる解散請求をすることすらできません。

　以上のことから，会社の経営への影響力，つまり支配力の低い株主におけるその株式の財産的価値は，会社そのものの財産的価値よりも，もっぱら配当金額の多寡であると考えられるので，株主個人又はそのグループの議決権割合やその株主が役員であるか否かを基準として前記**1**の表のような区分を定め，一定の株主については，株式の評価の原則である純資産価額方式を採用せずに特例的評価方式によって評価することができるものとされています。

3 ご質問のケース

　甲社において，贈与を受けるAのグループは，Aのほか，Aの夫であるBと，Aの子であるCで，その議決権割合の合計は20％で，他にこの議決権割合を超えるグループはいません。

　よって，甲社には同族株主はいないことになり，Aは，議決権割合15％以上のグループに属する株主となります。

　次に，Aの議決権割合は4％，つまり5％未満であり，Aは役員でもないので，中心的な株主がいるかどうかが問題となります。

　甲社には，単独で10％以上の議決権を有している株主はいませんので，中心的な株主はいないことになります。

　したがって，Aが取得した甲社の株式の評価方法は，原則的評価方式となります。

なお，乙社は，Ｄが乙社の株式の70％を保有していることからＤの同族関係者となり，Ｄグループの議決権割合の合計は16％となりますが，中心的な株主の判断においては，株主が単独で10％以上の議決権を有しているかどうかが基準となりますので，Ｄと乙社は同族関係者であっても，それぞれ中心的な株主に該当しません。

4　他のグループの株主の議決権割合の影響

　本件のケースでは，ＡグループとＤグループが甲社の中でも支配力が高いと考えられますが，突出している株主がいるとまではいえないことから，それぞれの株主は均等であり，ＡグループとＤグループの全員が原則的評価方式となります。

　一方，Ｄの議決権割合が15％で乙社の議決権割合が1％だった場合にはどうでしょうか。Ｄが突出している，つまり甲社の支配力はＤに偏っているため，Ｄ以外の株主で，議決権割合が低く甲社の役員でもない株主は，甲社の支配力の外側にいるので，原則的評価方式の対象から除外され，特例的評価方式でよいと考えられるからです。

　この場合，Ａグループ内の議決権割合に変動はありませんが，Ｄが中心的な株主に該当するので，Ａが役員でなく今後も役員とならない場合には，特例的評価方式となります。

　このことは，同族株主のいる会社での「中心的な同族株主」がいるかどうかについても同様です。

　したがって，評価対象者のグループの議決権割合だけではなく，他の株主の議決権割合によっても評価方式が左右されることになりますので，会社全体の株主構成を見渡す必要があります。

（松岡　章夫）

評基通188

事例06 同族株主か同族株主以外の株主に当たるか否かの判定

　私は，甲社のオーナー社長です。私の保有する株式割合（議決権割合）は発行済株式（1株当たり1個の議決権）の51％です。甲社は財産評価基本通達（以下「評基通」といいます）178における大会社に該当し，現状，類似業種比準価額は1株2,500円，配当還元価額は1株750円です。私の所有する甲社株式全ての生前贈与を検討しております。私の親族関係図及び贈与後の取得株式割合は下記の予定です。この場合，各受贈者の評価方式はどのようになるのでしょうか。なお，他に同族関係者はいません。

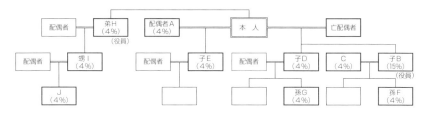

解説

　配偶者A，子B，子D，子E，弟Hは原則的評価方式である類似業種比準方式により，その他のC，F，G，I，Jは特例的評価方式である配当還元方式により評価します。

1 取引相場のない株式の評価上の区分

　取引相場のない株式の評価は，同族株主が株式を相続，遺贈又は贈与により取得をした場合は原則的評価方式（類似業種比準方式，純資産価額方式，類似業種比準方式と純資産価額方式の併用方式）により，同族株主以外の株主等が株式を取得した場合は特例的評価方式（配当還元方式）により行うこととされ

ています（評基通178, 179）。

また，同族株主に該当する場合でもいわゆる少数株式所有者の場合には，特例的評価方式で評価を行うことができます（評基通188(2)）。

2 同族株主の評価方式の判定

(1) 同族株主のいる会社か否か

評価方式が原則的評価方式によるのか，特例的評価方式によるのかは，同族株主のいる会社か否かを判定する必要があります。

① 同族株主とは（評基通188(1)）

課税時期における評価会社の株主のうち，株主の1人及びその同族関係者（法人税法施行令4条（同族関係者の範囲）に規定する特殊の関係のある個人又は法人をいいます）の有する議決権の合計数がその会社の議決権総数の30％以上である場合におけるその株主及びその同族関係者をいいます。

なお，その評価会社の株主のうち，株主の1人及びその同族関係者の有する議決権の合計数が最も多いグループの有する議決権の合計数が，その会社の議決権総数の50％超である会社にあっては，50％超の株主及びその同族関係者をいいます。

② 甲社の場合

議決権割合が一番多くなる子Bを中心に判定を行うと，B15％＋A4％＋C4％＋D4％＋E4％＋F4％＋G4％＋H4％＋I4％＋J4％＝51％であり同族株主がいる会社に該当します。

ところで，子Eを中心に判定を行うと，A4％＋B15％＋C4％＋D4％＋E4％＋F4％＋G4％＋H4％＋I4％＋J4％＝51％になります。必ずしも取得後の議決権割合が多い人を中心にした場合が筆頭株主グループにならないこともある点に注意が必要です。

(2) 取得後の議決権割合が5％以上の株主か否か

同族株主に該当する場合，取得後の議決権割合が5％以上の株主は原則的評価方式により評価することとなります。

Bは取得後の議決権割合が15％であることから原則的評価方式によることとなります。

(3) 取得後の議決権割合が5％未満の株主の場合（評基通188(2)）

中心的な同族株主のいる会社の株主のうち，中心的な同族株主以外の同族株主で，その者の株式取得後の議決権の数がその会社の議決権総数の5％未満であるもの（課税時期において評価会社の役員である者及び課税時期の翌日から法定申告期限までの間に役員となる者は除かれます）の取得した株式は配当還元方式により評価を行うことができます。

① 中心的な同族株主とは

課税時期において同族株主の1人並びにその株主の配偶者，直系血族，兄弟姉妹及び1親等の姻族（これらの者の同族関係者である会社のうち，これらの者が有する議決権の合計数がその会社の議決権総数の25％以上である会社を含みます）の有する議決権の合計数がその会社の議決権総数の25％以上である場合におけるその株主をいいます。

② 甲社の場合

まず，前記同族株主グループに中心的な同族株主がいるか否かを判定する必要があります。子Bを中心に判定すると，B15％＋A4％＋C4％＋F4％＋D4％＋E4％＝35％となり，甲社は中心的な同族株主がいる会社となります。

③ 各取得者ごとの判定

甲社が中心的な同族株主のいる会社であり，Bを除く者は取得予定議決権割合が5％未満であることから，B以外の者がそれぞれ，中心的な同族株主以外の同族株主に該当するか否かを判定します。

(イ) C・F

B15％＋C4％＋F4％＝23％であり中心的な同族株主以外の同族株主に該当

(ロ) D

D4％＋A4％＋G4％＋B15％＋E4％＝31％であり同族株主に該

当

(ハ)　G

　　G4％＋D4％＝8％であり中心的な同族株主以外の同族株主に該当

(ニ)　A

　　A4％＋B15％＋D4％＋E4％＝27％であり同族株主に該当

(ホ)　E

　　E4％＋A4％＋B15％＋D4％＝27％であり同族株主に該当

(ヘ)　H・I・J

　　H4％＋I4％＋J4％＝12％であり中心的な同族株主以外の同族株主に該当しますが，Hは課税時期現在で甲社の役員であることから，原則的評価方式により評価します。

(山岡　美樹)

評基通188

事例07 法人株主がいる場合の株主区分

私（甲）は，B社，D社及びE社（以下「B社等」といいます）の株式を父から相続しましたが，B社等とその関連会社の相続開始直前の株主構成は次のとおりです。この場合，B社等の株式の評価方式はどうなりますか。

なお，私は，どの会社の役員でもありません。

会社 株主	A社	B社	C社	D社	E社
父	0%	1%	0%	1%	1%
私（甲）	10%	0%	0%	0%	0%
弟（乙）	80%	0%	0%	0%	0%
乙の長男（丙）	10%	0%	0%	0%	0%
A社	—	99%	0%	0%	0%
B社	0%	—	100%	0%	0%
C社	0%	0%	—	99%	0%
D社	0%	0%	0%	—	99%

解説

B社は原則的評価方式で，D社とE社は配当還元方式となります。

1 評価方式

取引相場のない株式の評価においては，その会社の株主構成によって評価方法が異なり，まず同族株主がいるかどうかが判定要素となります。

同族株主には同族関係者が含まれ，同族関係者とは，法人税法施行令4条に規定されていますが，簡単にいうと，①株主の親族（事実上婚姻関係のある者，使用人，株主によって生計を維持している者及びこれらの者と生計を一にしている者を含み，以下「親族等」といいます）で議決権を50%以上保有してい

る場合のその親族等，②親族等で議決権を50％以上保有している会社（いわゆる親会社），③親族等及び②の会社の合計で議決権を50％以上保有している会社（いわゆる子会社）並びに④親族等，②の会社及び③の会社の合計で議決権を50％以上保有している会社（いわゆる孫会社）です。

次に，同族株主であっても少数株主の場合には配当還元方式になることもあり，この場合，中心的な同族株主がいるかどうかが判定要素となります。

中心的な同族株主とは，財産評価基本通達188に定められていますが，簡単にいうと，同族株主のいる会社の株主で，⑤株主とその配偶者，直系血族，兄弟姉妹及び1親等の姻族（以下これらの者を「近親者」といいます）で議決権を25％以上保有している場合のその株主，⑥⑤と②から④の会社のうち近親者で議決権を25％以上保有している会社並びに⑦⑤と⑥で議決権を25％以上保有している会社をいいます。

2　検討1（B社）

初めにA社について整理します。A社の株主は，甲と甲の親族で100％保有していますので，A社は②によって甲の同族関係者となります。

次にB社ですが，上記のとおりA社は甲の同族関係者となり，甲とA社で100％保有しているB社は，③によって甲の同族関係者となりますので，甲が父から取得したB社の株式の評価方式は，原則的評価方式となります。

しかし，父からの相続後の甲の保有割合は5％未満なので，中心的な同族株主がいるかどうかの検討が必要です。

甲は，⑤によってA社の中心的な同族株主に該当し，⑥によってB社の中心的な同族株主にも該当します。

したがって，甲が父から取得したB社の株式の評価方式は，原則的評価方式となります。

3　検討2（D社）

次にC社について整理します。上記のとおりB社は③によって甲の同族関係

者となり，C社も④によって甲の同族関係者となります。

そこで，D社ですが，上記のとおりC社は甲の同族関係者となりますので，D社の株式の評価方式は，原則的評価方式となります。

しかし，父からの相続後，D社の甲の保有割合は5％未満なので，中心的な同族株主がいるかどうかの検討が必要です。

上記**2**のとおり，甲は，⑥によってB社の中心的な同族株主に該当し，⑦によってC社の中心的な同族株主に該当しますが，判定に加えるのはここまでです。

したがって，甲は，D社の中心的な同族株主にならず，C社がD社の中心的な同族株主に該当しますので，甲が父から取得したD社の株式の評価方式は，配当還元方式となります。

4 検討3（E社）

最後にE社ですが，設例のケースでは，甲の同族関係者となる会社は，②でA社，③でB社，④でC社となり，D社は該当しませんので，E社においては，99％保有しているD社が同族株主となり，甲は同族株主以外の株主になりますので，配当還元方式となります。

このように，連鎖的に支配会社を保有していたとしても，半永久的に同族関係者となるのではなく，いわゆる孫会社までで曾孫会社は該当しません。さらに，中心的な同族株主の判定においては，孫会社は含まれません。

5 注意事項

B社の株式を評価するに当たって，類似業種比準方式のみではなく，純資産価額方式を計算する場合，B社はC社の株式を保有していますので，C社の株式を評価することになります。そのC社はD社の株式を保有していますので，まずはD社の株式を評価することになりますが，さらに，D社はE社の株式を保有しています。

しかし，これらの株式を評価する際，それぞれの保有割合がいずれも99％

又は100％なので，配当還元方式になりません。

　したがって，甲は，自ら保有するD社とE社の株式は配当還元方式で評価することとなりますが，B社の株式を評価する際のD社とE社の株式は，原則的評価法式で評価することとなり，同じ相続税の中で異なる評価額となることに注意してください。

（松岡　章夫）

評基通188−3

事例08 評価会社に自己株式がある場合

ある非上場株式会社に自己株式があります。この会社の相続税評価額を算出するに際し，留意する点はありますか。また，自己株式を取得することによって評価額にどのような影響があるのか，教えてください。

解説

評価対象会社が自己株式を保有している場合には，当該会社の有する議決権を除いたところで株主区分の判定を行うなど，特別なルールがあります。

自己株式の取得による評価額への影響は，類似業種比準価額の場合，取得した自己株式の発行済株式数に対する割合だけ，上昇することになります。

1　株主区分の判定

取引相場のない株式の評価にあたっては，評価会社の株式の議決権割合（議決権総数に占める議決権の割合）に基づいて，原則的評価方式によるのか又は特例的評価方式によるのかの判定を行っています。

会社が自己株式を有する場合には，会社法308条2項の規定によりその自己株式については議決権を有しないこととされています。これは会社の意向を受けた議決権の行使がされることによって総会決議が歪められるという弊害があるためです。

したがって，評価会社の株式の議決権割合の判定においては，その自己株式に係る議決権の数は0として計算した議決権の数をもって評価会社の議決権総数とします（評基通188−3）。

2　類似業種比準価額の計算

　類似業種比準価額の算定に当たり，評価会社の直前期末における資本金等の額を直前期末における発行済株式数で除した金額が50円以外の金額であるときは，その計算した金額に1株当たりの資本金等の額の50円に対する倍数を乗じて計算した金額とします。評価会社が直前期末に自己株式を有している場合，上記の倍数は，直前期末の資本金等の額を発行済株式数から自己株式数を控除した数で除した金額の50円に対する倍数とします（評基通180）。

3　1株当たりの純資産価額（相続税評価額によって計算した場合）の計算

　会社が自己株式を有している場合，現行の会計処理基準では，自己株式は資産の部に計上されるのではなく，純資産の部の控除項目として取り扱われることから，会社の有する資産には含めないこととなります。

　また，1株当たりの純資産価額（相続税評価額によって計算した金額）は，課税時期における各資産を評価通達に定めるところにより評価した価額の合計額から課税時期における各負債の金額の合計額及び評価差額に対する法人税額等に相当する金額を控除した金額を課税時期における発行済株式数で除して計算した金額としますが，この場合における課税時期における発行済株式数については，評価会社が自己株式を有する場合には，当該自己株式の数を控除した株式数によります。

4　議決権割合50％以下のときに純資産価額の80％で評価する場合

　純資産価額の算定に当たり，株式の取得者とその同族関係者の議決権割合が50％以下の場合には，会社に対する支配力に基づいて格差を設けるという考え方から，純資産価額の80％で評価することとしていますが，この場合の議決権割合を算定するときの総議決権数については，自己株式に係る議決権の数

は0として計算した議決権の数をもって評価会社の総議決権総数とします。

5 自己株式がある場合の計算例（類似業種比準価額）

直前期末に旧額面で自己株式を取得した場合の類似業種比準価額への影響を次の設例で確認してみることとします。

【設　例】
○課税時期　平成X年6月30日
○評価会社の概要（直前期末：平成X年3月31日）
　業種：不動産貸付業　　規模区分：小会社
　直前期末の資本金等の額：10,000,000円
　直前期末の発行済株式数：200株

(1) 直前期末に自己株式を取得しなかった場合の1株当たりの価額

　　※　Ⓑ，Ⓒ，Ⓓの数字は仮定のものです。

　①　$196円（Ⓐ）\times \dfrac{\dfrac{0（Ⓑ）}{4.5（Ⓑ）}+\dfrac{19（Ⓒ）}{29（Ⓒ）}+\dfrac{300（Ⓓ）}{196（Ⓓ）}}{3}\times 0.5$

　　＝195円60銭

　②　$195円60銭 \times \dfrac{50,000円}{50円}＝195,600円$

(2) 直前期末に自己株式の取得があった場合

　取得した自己株式数：20株
　取得価額：1,000,000円（@50,000円＝旧額面金額）
　直前期末に自己株式を取得した場合の1株当たりの価額

　①　$196円（Ⓐ）\times \dfrac{\dfrac{0（Ⓑ）}{4.5（Ⓑ）}+\dfrac{19（Ⓒ）}{29（Ⓒ）}+\dfrac{295（Ⓓ）^{※1}}{196（Ⓓ）}}{3}\times 0.5$

　　＝195円60銭

　②　$195円60銭 \times \dfrac{55,555円^{※2}}{50円}＝217,331円$

　※1　自己株式を取得したケースでは，取得していないケースよりも自己株式の取得に充てた1,000,000円分だけ利益積立金額が少なくなるため，比準要素のうち純

資産価額(Ⓓ)の金額も減少し,Ⓓは295円となります。

※2 $\dfrac{10,000,000円}{200株-20株} = 55,555円$

　直前期末に旧額面で自己株式を取得した結果,株価が約10%上昇することになります。これは,発行済株式数の10%の自己株式を取得したことの影響です。

(松岡　章夫)

評基通188-6

事例09 評価会社の株主に中小企業投資育成会社がある場合の同族株主判定

ある会社の相続税評価を算出するに際し，中小企業投資育成会社が株主になっていますが，留意する点はありますか。教えてください。

解説

中小企業投資育成会社が同族株主に該当し，かつ，それ以外に同族株主がいない場合には，同社の有する議決権を除いたところで株主判定を行うなど，特別なルールがあります。

❶ 中小企業投資育成会社が株主にいる場合の取扱い

評価会社の株主のうちに投資育成会社（中小企業投資育成株式会社法に基づいて設立された中小企業投資育成株式会社をいう。以下「投育会社」という）があるときは，次により株主判定を行います（評基通188-6）。

したがって，下記(1)，(2)に該当しない場合には，投育会社を一般株主として通常の株主判定を行います。

(1) 投育会社が同族株主に該当し，かつ，当該投育会社以外に同族株主に該当する株主がいない場合には，当該投育会社は同族株主に該当しないものとして適用します。

(2) 投育会社が中心的な同族株主又は中心的な株主に該当し，かつ，当該投育会社以外に中心的な同族株主又は中心的な株主に該当する株主がいない場合には，当該投育会社は中心的な同族株主又は中心的な株主に該当しないものとして適用します。

(3) 上記(1)及び(2)において，評価会社の議決権総数からその投育会社の有する評価会社の議決権の数を控除した数をその評価会社の議決権総数とした

場合に同族株主に該当する者があるときは，その同族株主に該当することとなる者以外の株主が取得した株式については，上記(1)及び(2)にかかわらず，「同族株主以外の株主等が取得した株式」に該当するものとします。

2 中小企業投資育成株式会社法の概要

投育会社は，中小企業の自己資本の充実を促進し，その健全な成長発展を図るため，中小企業に対する投資等の事業を行うことを目的としています（中小企業投資育成株式会社法1）。また，投育会社は，東京中小企業投資育成株式会社，名古屋中小企業投資育成株式会社及び大阪中小企業投資育成株式会社の3社があります（同法2）。

東京中小企業投資育成株式会社のホームページによりますと，投資の種類として，株式と新株予約権付社債を挙げています。そして，株式については，以下のような記載があります。

- 引受株式は，普通株式又は種類株式となります。
- 引受価額は原則として，1株当たりの予想利益をもとに，企業の将来性を総合的に判断して評価します。
- 持株比率は，原則として増資後の議決権総数の50％以内で相談に応じます。

3 具体的な判定例

具体的な判定例を2つみることにしますが，その前提として，株式の種類は普通株式で，普通株式1株につき議決権1個を有し，甲，乙，丙の間に親族関係はないものとします。

(1) 投育会社以外に同族株主がいる場合

株主	所有株式数	割合	議決権数	割合
投育会社	40株	40%	40個	40%
甲	32株	32%	32個	32%
乙	20株	20%	20個	20%
丙	8株	8%	8個	8%
合計	100株	100%	100個	100%

　まず，投育会社の株式を特に区別をせずに株主判定を行います。甲は，他に議決権の50%超を保有する株主が存在せず，甲自身で30%以上の議決権を保有していますので，同族株主となります（評基通188(1)）。

　そして，この会社は同族会社のいる会社で，乙と丙は30%の議決権を保有していませんので，同族株主以外の株主となります（評基通188(1)）。

　投育会社が同族株主に該当し，かつ，当該投育会社以外に同族株主に該当する株主がいない場合ではないので，判定はこれで完了となります。

　したがって，甲は原則的評価となり，乙及び丙は配当還元による評価となります。

(2) 投育会社以外に同族株主がいない場合

株主	所有株式数	割合	議決権数	割合	投育会社を除いた議決権数	割合
投育会社	45株	45%	45個	45%	—	—
甲	29株	29%	29個	29%	29個	53%
乙	20株	20%	20個	20%	20個	36%
丙	6株	6%	6個	6%	6個	11%
合計	100株	100%	100個	100%	55個	100%

　まず，投育会社の株式を特に区別をせずに株主判定を行いますと，投育会社が同族株主に該当し，かつ，当該投育会社以外に同族株主に該当する株主がいない場合となりますので，当該投育会社は同族株主に該当しないものとします

（上記**1**(1))。

　この会社を同族株主のいない会社で判定することになります。そうしますと，甲と乙は，議決権の15％以上を保有する株主となります（甲が29％，乙が20％）ので，原則として原則的評価によることになります（ただし，乙についてはもう一度判定を行います）。

　丙は，同族会社のいない会社の株主で，議決権の15％未満しか保有していません（6％）ので，「同族株主以外の株主等が取得した株式」に該当することになります（評基通188(3)）。

　さらに，この会社の議決権総数からその投育会社の有する評価会社の議決権の数を控除した数をその評価会社の議決権総数とした場合に同族株主に該当する者があります（甲が53％＞50％）ので，その同族株主に該当することとなる者（甲）以外の株主（乙）が取得した株式については，「同族株主以外の株主等が取得した株式」に該当します（上記**1**(3))。

　したがって，甲は原則的評価となり，乙及び丙は配当還元による評価となります。

　　　　　　　　　　　　　　　　　　　　　　　　（松岡　章夫）

評基通180, 185

事例10 株式を相互に持ち合っている場合

　私は，非上場会社A社・B社を経営しており，このA社・B社の発行する株式を所有しています。A社・B社共に，財産評価基本通達178で定める小会社に該当します。A社が保有する資産のうちには，B社が発行する株式があり，一方，B社が保有する資産の内にも，A社が発行する株式があります。つまり，A社・B社は，株式を相互に持ち合っている場合に該当します。このように株式を相互に持ち合っている場合は どのように評価を行ったらよいのでしょうか。

解説

　A社の株式を純資産価額により計算する場合のA社が所有するB社株式の価額は次の算式により求めた金額によりA社株式の評価を行います。

$$X = \frac{\alpha(b + \beta a)}{1 - \alpha\beta}$$

　B社の株式を純資産価額により計算する場合のB社の所有するA社株式の価額は次の算式により求めた金額によりB社株式の評価を行います。

$$Y = \frac{\beta(a + \alpha b)}{1 - \alpha\beta}$$

X：A社の所有するB社株式の相続税評価額
Y：B社の所有するA社株式の相続税評価額
α：B社の発行済株式数のうちA社が所有する株式数の割合
β：A社の発行済株式数のうちB社が所有する株式数の割合
a：A社について，B社株式を除く各資産の相続税評価額の合計額から各負債の金額の合計額を控除した金額
b：B社について，A社株式を除く各資産の相続税評価額の合計額から各負

債の金額の合計額を控除した金額

1 純資産価額

　1株当たりの純資産価額（相続税評価額によって計算した金額）は，課税時期における各資産をこの通達に定めるところにより評価した価額の合計額から課税時期における各負債の金額の合計額及び評価差額に対する法人税額等に相当する金額により計算した評価差額に対する法人税額等に相当する金額を控除した金額を課税時期における発行済株式数で除して計算して求めます（評基通185）。

　つまり，1株当たりの純資産価額（相続税評価額によって計算した金額）は次の算式により求めます。

$$1株当たりの純資産価額 = \frac{A - B - (C \times 37\%)}{課税時期における発行済株式数}$$

A：課税時期における相続税評価額による総資産価額
B：課税時期における各負債の金額の合計額
a：課税時期におけるAの計算の基とした各資産の帳簿価額の合計額
b：課税時期における各負債の金額の合計額
C：評価差額＝(A－B)－(a－b)
37％：法人税（復興特別法人税を含みます），事業税（地方法人特別税を含みます），道府県民税及び市町村民税の税率の合計に相当する割合

2 評価会社が有する株式等の純資産価額の計算

　上記1の定めにより，課税時期における評価会社の各資産を評価する場合において，各資産のうちに取引相場のない株式があるときの株式の1株当たりの純資産価額（相続税評価額によって計算した金額）は，株式の発行会社の課税時期における各資産をこの通達に定めるところにより評価した金額の合計額から課税時期における各負債の金額の合計額を控除した金額を課税時期における

当該株式の発行会社の発行済株式数で除して計算した金額とすると定められ、この場合における1株当たりの純資産価額（相続税評価額によって計算した金額）の計算にあたっては、評価差額に対する法人税額等に相当する金額の定めにより計算した評価差額に対する法人税額等に相当する金額を控除しないこととされています（評基通186－3）。

しかし、この評価通達は、たとえば、非上場会社A社が非上場会社B社株式を所有している場合の評価方法の取扱いを明らかにしてはいますが、A社・B社が相互に株式を持ち合っている場合の具体的な計算方法を定めているものではありません。

3 株式を相互に持ち合っている場合の評価方法

質問の場合のように、A社とB社がそれぞれの株式を相互に持ち合っている場合は、A社株式の評価を行う場合は、B社株式を評価する必要があります。一方、そのB社株式を評価するためにはA社株式を評価する必要があります。すなわち、A社株式の評価とB社株式の評価は連鎖していることからその評価方法が問題となります。

そこで、A社がB社株式を所有し、B社がA社株式を所有している関係を図表化すれば次のようなイメージになるものと思われます。

この図表を基に次のとおり整理することができます。

(1) A社が所有するB社の株式の評価額X

B社の純資産価額（b＋Y）にA社が所有するB社の持株割合（α）を乗ずることによって求めることができます。

$X = \alpha(b + Y)$

(2) B社が所有するA社の株式の評価額Y

A社の純資産価額（a＋X）にB社が所有するA社の持株割合（β）を乗ずることによって求めることができます。

$Y = \beta(a + X)$

(3) X及びYの評価額

上記(1)(2)は,連立方程式であることから,それぞれX,Yの解を求めると次のとおりになります。

$$X = \frac{\alpha(b + \beta a)}{1 - \alpha\beta}$$

$$Y = \frac{\beta(a + \alpha b)}{1 - \alpha\beta}$$

【図表】

a：A社についてB社株式を除く各資産の相続税評価額の合計額から各負債の金額の合計額を控除した金額

X：A社の所有するB社株式の相続税評価額

b：B社についてA社株式を除く各資産の相続税評価額の合計額から各負債の金額の合計額を控除した金額

Y：B社の所有するA社株式の相続税評価額

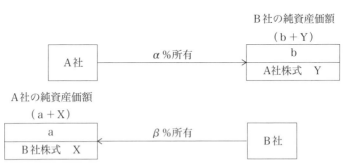

(参考裁決) 平成20年7月16日裁決

(山岡 美樹)

評基通188

株式を90％ずつ相互に持ち合っている場合

甲社と乙社は相互に株式を90％保有（簿価はそれぞれ4,500千円）していたため、それぞれの株式を同時に売却することにしました。そこで、甲社と乙社の株式の価額（純資産価額方式）を連立方程式で算定したところ、次のように、両社とも株式の純資産価額の合計額が1億円を超えてしまいました。とてもそれほどの価値があるとは思えませんが、この金額をもとに売買しないといけないのでしょうか。なお、それぞれ残りの10％は丙個人が保有しています。

区分	資本金	株数	株式以外の純資産価額	※保有株式の価額	評価額（単価）
甲社	5,000千円	100	（乙株以外） 15,000千円	（乙株） 111,315千円	1,263,150円
乙社	5,000千円	100	（甲株以外） 10,000千円	（甲株） 113,684千円	1,236,842円

甲社の純資産価額の合計額＝126,315,789円
乙社の純資産価額の合計額＝123,684,210円

解説

簿価（4,500千円）で算定した価額で売買しても妥当と考えられます。

1 法人税における株式の時価

法人が株式を売却又は購入する際に、その価額と時価との差額が問題となることがあり、この場合の株式の時価については、法人税基本通達の4－1－6, 9－1－14によって、「課税上弊害がない限り」相続税の際の財産評価基本通達で算定（一部条件あり）してよいことになっています。

※ 本問の解説においては、計算を簡便にするために、類似業種比準方式との併用は

せずに，純資産価額方式のみで算定します。

2 株式を相互に持ち合っている場合の株式の評価

　純資産価額方式において，2社（A社とB社）でお互いに株式を持ち合っている場合には，それぞれの保有する株式の価額は，具体的に財産評価基本通達に定められていませんが，次の算式（以下「持合計算式」といいます）を使用して算定することになっています。

　A社が所有するB社の株式の価額をX，B社が所有するA社の株式の価額をYとした場合

$$X = \frac{\alpha(b + \beta a)}{1 - \alpha\beta}$$

$$Y = \frac{\beta(a + \alpha b)}{1 - \alpha\beta}$$

となります。
　α＝B社の発行済株式数のうちA社が所有する割合
　β＝A社の発行済株式数のうちB社が所有する割合
　a＝A社のB社株式以外の純資産価額
　b＝B社のA社株式以外の純資産価額

　したがって，ご質問のケースでこの算式を使用すると，甲社と乙社（以下，この2社を併せて「甲社等」といいます）ともに，結果としてそれぞれの会社の純資産価額の合計額（以下，単に「会社全体の時価」といいます）が1億円を超えてしまいます。
　しかし，甲社等の双方の株式以外の純資産価額からみれば，会社全体の時価が1億円を超えるとは納得のいかないところです。

3 持株割合の変動による試算

　ご質問のケースでは，双方の会社が90％ずつ保有していますが，その割合をいろいろ変更（株数の増減は，丙と1株当たり5万円で売買し，その際の課

税上の問題はないものとします）して、甲社等の株式の純資産価額の合計額等を試算すると、次のとおりになります（【別表1】参照）。

【別表1】

(1株5万円)		記号	①0株	②1株	③10%	④50%	⑤現状（90%）	⑥ほぼ100%
甲社	総株数		100	100	100	100	100	100
乙社	総株数		100	100	100	100	100	100
甲社	乙社の保有株数		0	1	10	50	90	99
乙社	甲社の保有株数		0	1	10	50	90	99
甲社	乙株以外の純資産	a	19,500,000	19,450,000	19,000,000	17,000,000	15,000,000	14,550,000
乙社	甲株以外の純資産	b	14,500,000	14,450,000	14,000,000	12,000,000	10,000,000	9,550,000
甲社	乙社の所有割合	α	0.0000	0.0100	0.1000	0.5000	0.9000	0.9900
乙社	甲社の所有割合	β	0.0000	0.0100	0.1000	0.5000	0.9000	0.9900
参考	αβ		0.0000	0.0001	0.0100	0.2500	0.8100	0.9801
甲社	乙株の価額	x	0	146,459	1,606,060	13,666,666	111,315,789	1,191,706,281
甲社	同上単価		0	146,459	160,606	273,333	1,236,842	12,037,437
乙社	甲株の価額	Y	0	195,964	2,060,606	15,333,333	113,684,210	1,194,193,718
乙社	同上単価		0	195,964	206,061	306,667	1,263,158	12,062,563
甲社	会社全体の時価		19,500,000	19,596,459	20,606,060	30,666,666	126,315,789	1,206,256,281
乙社	会社全体の時価		14,500,000	14,645,964	16,060,606	27,333,333	123,684,210	1,203,743,718

この結果，株式を保有していない場合（①）から，ほとんど影響しない1株ずつ保有の場合（②），10％ずつ保有の場合（③），50％ずつ保有の場合（④）と所有割合が多くなるにしたがって，甲社等の双方の会社全体の時価が増加し，現状（⑤）では，①と比べて甲社が6.5倍，乙社が8.5倍となってしまいました。

さらに，限りなく100％に近い99株ずつ保有の場合（⑥）では，甲社等のそれぞれの会社全体の時価は，ともに約12億円になってしまいます。

この計算方法は，連立方程式によって得られたもので，理論的に間違っているはずはないのですが，問題は，それぞれの保有割合の積（【別表1】の「参考」欄）が大きくなると，相乗効果で，双方の会社全体の時価が高くなってしまうということです。

4 丙の株式評価

一方で，丙が所有する甲社等の株式の価額を算定すると，その合計額は，次のとおり25,000千円となります。

① 甲社
@1,263,158×10株＝12,631,580円
② 乙社
@1,236,842×10株＝12,368,420円
③ 計　25,000千円

甲社等の残りの株式は丙1人で保有していますので，つまり丙が甲社等の全てを所有していることになります。そして，その金額は，甲社の乙社株式以外の純資産価額と，乙社の甲社株式以外の純資産価額の合計と一致します。

さらに，上記**3**のように，丙が甲社等と売買するなどにより，それぞれの所有割合を変更して丙の甲社等の株式の価額（株式の取得代金も考慮）を試算したところ，どのような所有割合であっても，25,000千円（一部端数相違あり）となり（【別表2】参照），甲社等の所有割合は，丙が所有する甲社等の株式の価額の合計額に影響しません。

[別表2]

(1株5万円)		記号	①0株	②1株	③10%	④50%	⑤現状(90%)	⑥ほぼ100%
甲社	総株数		100	100	100	100	100	100
乙社	総株数		100	100	100	100	100	100
甲社	乙社の保有株数		0	1	10	50	90	99
乙社	甲社の保有株数		0	1	10	50	90	99
			(別表1と同じため記載省略)					
丙	甲社の株式の価額		14,500,000	14,499,441	14,454,540	13,666,650	12,368,420	12,037,437
丙	乙社の株式の価額		19,500,000	19,400,436	18,545,490	15,333,350	12,631,580	12,062,563
丙	株取得代金		△9,000,000	△8,900,000	△8,000,000	△4,000,000	0	900,000
丙	財産合計		25,000,000	24,999,877	25,000,030	25,000,000	25,000,000	25,000,000

5　本件における甲社等の株式の価額

　ここで，相互に株式を保有する場合の双方の会社全体の時価の合計額について考えてみたいと思います。

　相互保有株式のそれぞれの価額の問題はさておき，会社全体の時価の合計額としては，それぞれの対外的な価値である，自社の相手会社株式以外の純資産価額と相手会社の自社株式以外の純資産価額との合計額（以下「株式以外の純資産合計額」といいます）以上になるとは考えられないと思います。

　そうすると，一方の会社全体の時価が０円だとしても，もう一方の会社全体の時価は株式以外の純資産合計額と同額になりますので，それぞれの会社全体の時価は，この株式以外の純資産合計額を超えることはないと考えられます。

　本件についてみれば，持合計算式を使用したことによって甲社等の会社全体の時価はそれぞれ１億円を超えていますが，甲社等の株式以外の純資産合計額は25,000千円ですから，甲社等の会社全体の時価は25,000千円が上限となるべきでしょう。

　このことは，上記4で検証したとおり，甲社等のすべてを所有している丙における株式の価額が25,000千円であることからみてもわかります。

　本件のように，互いの株式を90％ずつ保有しているような特殊なケースでは，通常の評価方法（持合計算式を使用する）によって双方の会社全体の時価を算定すると，株式以外の純資産合計額より高い金額となることがあり，持株割合以外の要因でもその差が極端であると同様のことが起こりえます。

　このようなケースでは，法人における時価の算定上，「課税上弊害がある」と判断し，通達どおりに算定しない（持合計算式を使用しない）とすべきではないでしょうか。

　では，どのように時価を算定すればよいのでしょうか。

　そもそも時価を算定する意味は，株式を売却又は購入する際，時価より低額（又は高額）であることによって経済的利益を受けたか又は与えたかにあります。

本件において，双方の株式をそれぞれ簿価（4,500千円）で売買したとすると，結果的に相手会社の株式が自己株式にかわることになり，甲社の純資産価額は15,000千円，乙社の純資産価額は10,000千円で，売買前の相手会社の株式以外の純資産価額とかわりません。

　甲社についてみると，経済的利益を受けるどころかかえって保有株式（乙社株式）が減少しています。では，甲社は乙社に経済的利益を与えたのでしょうか。しかし，乙社も甲社と同じ状況なので，乙社も経済的利益を受けたとはいえないでしょう。

　したがって，本件のような特殊なケースでは，簿価や資本金をもとに株式の価額を算定しても，売買後に双方に経済的利益が発生していないようであれば，問題はないと考えられます。

6　持合計算式の意味

　上記5のとおり特殊なケースでは，持合計算式をあえて使用すべきではないと考えられますが，上記4に記載したとおり，丙が所有する甲社等の株式の価額の合計額を算定する場合においては問題ないと考えられます。

　このことは，持合計算式は，会社の単独の時価を算定しようとするものではなく，その会社の株式を所有する者の財産の価額を算定するために必要なものであるからだと考えられます。

（松岡　章夫）

第3章

類似業種比準方式

本章における基本的な考え方

　第3章では類似業種比準方式の事例について取り上げています。類似業種比準方式により求める類似業種比準価額は，類似業種の株価並びに1株当たりの配当金額，年利益金額及び純資産価額（帳簿価額によって計算した金額）を基とし，次の算式によって計算した金額です。この場合において，評価会社の直前期末における資本金等の額を直前期末における発行済株式数で除した金額（「1株当たりの資本金等の額」といいます）が50円以外の金額であるときは，その計算した金額に，1株当たりの資本金等の額の50円に対する倍数を乗じて計算します（評基通180）。

$$A \times \left[\frac{\frac{Ⓑ}{B} + \frac{Ⓒ}{C} + \frac{Ⓓ}{D}}{3} \right] \times 0.7$$

　A：類似業種の株価
　B：課税時期の属する年の類似業種の1株当たりの配当金額
　C：課税時期の属する年の類似業種の1株当たりの年利益金額
　D：課税時期の属する年の類似業種の1株当たりの純資産価額（帳簿価額によって計算した金額）
　Ⓑ：評価会社の1株当たりの配当金額
　Ⓒ：評価会社の1株当たりの利益金額
　Ⓓ：評価会社の1株当たりの純資産価額（帳簿価額によって計算した金額）
（注1）　A，B，C，Dについては，「平成29年分の類似業種比準価額計算上の業種目及び業種目別株価等について」で定められています。
（注2）　上記算式中の「0.7」は，中会社の株式を評価する場合には「0.6」，小会社の株式を評価する場合には「0.5」になります。

　類似業種比準価額の計算に当たって，評価会社の1株当たりの配当金額等は1株当たりの資本金等の額を50円とした場合の金額として計算します。この場合において資本金等の金額がマイナスとなる場合があります。この点を取り

上げたのが「事例08　資本金等の額がマイナスの場合」になります。

また，類似業種比準方式の概略については「事例01　特別配当や非経常的な利益がある場合」を参照してください。

1　評価会社の1株当たりの配当金額等の計算

上記算式の評価会社の「1株当たりの配当金額」，「1株当たりの利益金額」及び「1株当たりの純資産価額（帳簿価額によって計算した金額）」は，それぞれ次により求めます（評基通183）。

課税時期が，評価会社の決算期が直前期よりも直後期に近い場合の取扱いについて，「事例02　直後期末が近いときの類似業種比準方式及び純資産価額方式」で取り上げています。

(1)　1株当たりの配当金額

直前期末以前2年間におけるその会社の剰余金の配当金額（特別配当，記念配当等の名称による配当金額のうち，将来毎期継続することが予想できない金額を除く）の合計額の2分の1に相当する金額を，直前期末における発行済株式数（1株当たりの資本金等の額が50円以外の金額である場合には，直前期末における資本金等の額を50円で除して計算した数によるものとする。(2)及び(3)において同じです）で除して計算します。

上記剰余金の配当金額は，各事業年度中に配当金交付の効力が発生した剰余金の配当金額（資本金等の額の減少によるものを除きます）を基として計算します。

評価会社が直前期決算期において事業年度を変更している場合の1株当たりの配当金額の捉え方について取り上げているのが，「事例06　事業年度を変更している場合の1株当たりの配当金額等の計算」になります。また，評価会社が自己株式を取得したことによって，みなし配当となる金額がある場合，この配当の取扱いが問題となります。この点を取り上げたのが「事例09　自己株式の取得によるみなし配当の金額がある場合」になります。

(2) 1株当たりの利益金額

　直前期末以前1年間における法人税の課税所得金額（固定資産売却益，保険差益等の非経常的な利益の金額を除きます）に，その所得の計算上益金に算入されなかった剰余金の配当（資本金等の額の減少によるものを除きます）等の金額（所得税額に相当する金額を除く）及び損金に算入された繰越欠損金の控除額を加算した金額（その金額が負数のときは，0とします）を，直前期末における発行済株式数で除して計算します。

　法人税の課税所得金額から固定資産売却益等の非経常的な利益を差し引いて計算をすることができますが，その場合の非経常的な利益の範囲，非経常的な損失がある場合の取扱いについて取り上げたのが，「事例10　非経常的な利益がある場合の1株当たりの利益金額」になります。受取配当金の益金不算入額からは所得税額を控除することができますが，その注意点について取り上げているのが，「事例03　受取配当等の益金不算入額から控除する所得税額」になります。評価会社が直前期決算期において事業年度を変更している場合の1株当たりの利益金額の捉え方について取り上げているのが，「事例06　事業年度を変更している場合の1株当たりの配当金額等の計算」になります。

(3) 1株当たりの純資産価額

　直前期末における資本金等の額及び法人税法2条《定義》18号に規定する利益積立金額に相当する金額（法人税申告書別表五㈠「利益積立金額及び資本金等の額の計算に関する明細書」の差引翌期首現在利益積立金額の差引合計額）の合計額を直前期末における発行済株式数で除して計算します。

　利益積立金額に相当する金額が負数である場合には，その負数に相当する金額を資本金等の額から控除するものとし，その控除後の金額が負数となる場合には，その控除後の金額を0とします。

2　評価会社の事業が該当する業種目

　評価会社の事業が該当する業種目は，総論1の(4)の取引金額に基づいて判定した業種目になります。

取引金額のうちに２以上の業種目に係る取引金額が含まれている場合もあり，評価会社の事業が該当する業種目は，取引金額全体のうちに占める業種目別の取引金額の割合（「業種目別の割合」といいます）が50％を超える業種目とし，その割合が50％を超える業種目がない場合は，次に掲げる場合に応じたそれぞれの業種目とします（評基通181－２）。

(1)	評価会社の事業が１つの中分類の業種目中の２以上の類似する小分類の業種目に属し，それらの業種目別の割合の合計が50％を超える場合	その中分類の中にある類似する小分類の「その他の○○業」
(2)	評価会社の事業が１つの中分類の業種目中の２以上の類似しない小分類の業種目に属し，それらの業種目別の割合の合計が50％を超える場合（(1)に該当する場合を除く）	その中分類の業種目
(3)	評価会社の事業が１つの大分類の業種目中の２以上の類似する中分類の業種目に属し，それらの業種目別の割合の合計が50％を超える場合	その大分類の中にある類似する中分類の「その他の○○業」
(4)	評価会社の事業が１つの大分類の業種目中の２以上の類似しない中分類の業種目に属し，それらの業種目別の割合の合計が50％を超える場合（(3)に該当する場合を除く）	その大分類の業種目
(5)	(1)から(4)のいずれにも該当しない場合	大分類の業種目の中の「その他の産業」

　業種目については，大分類，中分類及び小分類に区分して「平成29年分の類似業種比準価額計算上の業種目及び業種目別株価等について（法令解釈通達）」で定められています。この業種目のうち，評価会社の事業が該当する業種目とし，その業種目が小分類に区分されているものにあっては小分類による業種目，小分類に区分されていない中分類のものにあっては中分類の業種目によります。ただし，納税義務者の選択により，類似業種が小分類による業種目にあってはその業種目の属する中分類の業種目，類似業種が中分類による業種目にあってはその業種目の属する大分類の業種目を，それぞれ類似業種とすることができます。

　評価会社が兼業している場合が考えられます。この点を取り上げているのが

「事例04 業種を兼業している場合の業種目の判定」になります。また，直前期において業種変更をしている場合を取り上げているのが「事例05 業種を変更している場合の業種目の判定」になります。

3 類似業種比準価額の修正

類似業種比準価額の計算は，評価会社の直前期末決算を基に行うことから直前期末の翌日から課税時期までの間に配当金交付の効力が発生する場合があります。この場合は，類似業種比準価額の修正計算を行います（評基通184(1)）。この点を取り上げたのが「事例07 直前期末後から課税時期までに剰余金の配当があった場合」になります。

また，直前期末の翌日から課税時期までの間に株式の割当て等の効力が発生する場合もあります。この場合も類似業種比準価額の修正計算を行います（評基通184(2)）。この点を取り上げたのが「事例11 直前期末後から課税時期までに株式割当てがあった場合」になります。

評基通180, 183

事例01 特別配当や非経常的な利益がある場合

　私は，A社株式を後継者の長男に贈与したいと考えています。A社は，財産評価基本通達で定める大会社に該当するので，原則，株式の評価は類似業種比準方式で行うことになります。この度，会社創立50周年を迎えることから，記念配当を行いたいと考えております。この記念配当の原資を捻出するため，遊休資産の売却も考えております。ところで，類似業種比準方式は，評価会社の配当や利益を基に評価をする方法です。通常の配当に加え臨時配当を行った場合は，例年より配当金額が増加しますし，また，遊休資産を売却して利益が出た場合には，一時的にその期の利益が増加します。そうしますと，A社の株価を類似業種比準方式で計算をする場合，この臨時的な配当や遊休資産の売却益が評価上影響すると思いますがいかがでしょうか。

解説

　将来毎期継続することができない記念配当等や非経常的な利益がある場合は，類似業種比準方式における評価会社の「1株当たりの配当金額」，「1株当たりの利益金額」の計算において，それらを除いて計算することとなっています。したがって，A社が予定する記念配当が臨時的な配当である場合，また，遊休資産の売却益が非経常的な利益である場合は，A社株式の評価上影響しないといえます。

1　類似業種比準方式

　大会社が類似業種比準方式により評価することとされているのは，大会社は，上場会社に匹敵する規模の会社であり，その大会社の株式が取引されるとすれば，上場されている株式の市場価格に準じた価額が付けられると考えられ，上

場会社の株式の価額に比準して評価することが合理的であるからです。

ところで，会社の株価を構成する要素は，利益金額，配当金額，市場の占有率，将来性など様々な構成要素が考えられます。上場会社の株価を，評価する株式の価額に反映させるには，できる限り多くの構成要素により行うのが合理的です。しかしながら，構成要素の中には計数化が困難な要素もあることなどから，評価通達の類似業種比準方式では，計数として容易に捉えやすい，配当金額，利益金額及び純資産価額の三要素を採用しています。

2 計 算 式

類似業種比準方式では，類似業種の株価並びに1株当たりの配当金額，年利益金額及び純資産価額（帳簿価額によって計算した金額）を基とし，次の算式により計算します（評価通達180）。

$$A \times \left[\frac{\frac{Ⓑ}{B} + \frac{Ⓒ}{C} + \frac{Ⓓ}{D}}{3} \right] \times 0.7$$

上記算式中の「A」，「Ⓑ」，「Ⓒ」，「Ⓓ」，「B」，「C」及び「D」は，それぞれ次によります。

「A」＝類似業種の株価

「Ⓑ」＝評価会社の1株当たりの配当金額

「Ⓒ」＝評価会社の1株当たりの利益金額

「Ⓓ」＝評価会社の1株当たりの純資産価額（帳簿価額によって計算した金額）

「B」＝課税時期の属する年の類似業種の1株当たりの配当金額

「C」＝課税時期の属する年の類似業種の1株当たりの年利益金額

「D」＝課税時期の属する年の類似業種の1株当たりの純資産価額（帳簿価額によって計算した金額）

（注） A，B，C，Dの金額は，国税庁が定め通達されています。

3 評価会社の1株当たりの配当金額等

上記計算式のⒷの「1株当たりの配当金額」，Ⓒの「1株当たりの利益金額」及びⒹの「1株当たりの純資産価額（帳簿価額によって計算した金額）」は，それぞれ次により計算します（評基通183）。

(1) 1株当たりの配当金額

直前期末以前2年間の会社の剰余金の配当金額の合計額の2分の1に相当する金額を，直前期末における発行済株式数で除して計算します。

また，この計算において，特別配当，記念配当等の名称による配当金額のうち，将来毎期継続することが予想できない金額は除いて計算をします。

(2) 1株当たりの利益金額

直前期末以前1年間における法人税の課税所得金額に，その所得の計算上益金に算入されなかった剰余金の配当等の金額（所得税額に相当する金額を除きます）及び損金に算入された繰越欠損金の控除額を加算した金額を，直前期末における発行済株式数で除して計算します。

また，直前期末以前2年間の各事業年度について，それぞれ法人税の課税所得金額を基として上記に準じて計算した金額の合計額（その合計額が負数のときは，0とします）の2分の1に相当する金額を直前期末における発行済株式数で除して計算することができます。

以上の計算において，固定資産売却益，保険差益等の非経常的な利益の金額は法人税の課税所得金額から控除して計算します。

なお，たとえば，固定資産売却損と保険差益がある場合等，種類の異なる非経常的な損益がある場合には，これらを通算してから控除することに注意をする必要があります。

(3) 1株当たりの純資産価額（帳簿価額によって計算した金額）

直前期末における資本金等の額及び法人税法2条（(定義)）18号に規定する利益積立金額に相当する金額（法人税申告書別表五(一)「利益積立金額及び資本金等の額の計算に関する明細書」の差引翌期首現在利益積立金額の

差引合計額）の合計額を直前期末における発行済株式数で除して計算します。
(注)　上記(1)(2)(3)を計算する上で，発行済株式数は，1株当たりの資本金等の額が50円以外の金額である場合には，直前期末における資本金等の額を50円で除して計算した数によります。

　以上のとおり，配当金額については，評価会社の通常的な配当金額を，また，利益金額については，評価会社の経常的な収益力を株式の価額に反映させるようになっています。
　したがって，A社の記念配当が，毎期継続することが予想できないものである限り，また，遊休資産の売却による利益が非経常的なものである限り，A社株式を類似業種比準方式により評価する上で，「1株当たりの配当金額」，「1株当たりの利益金額」から記念配当の金額や非経常的な利益の金額を控除することから，その結果，A社株式の株価（類似業種比準価額）には影響しないということができます。

（山岡　美樹）

評基通180, 185

事例02 直後期末が近いときの類似業種比準方式及び純資産価額方式

　被相続人は平成Ｘ年３月30日に死亡し，同人の所有する非上場会社の株式の評価を行いたいのですが，この会社は３月決算です。類似業種比準方式及び純資産価額方式の計算において，平成Ｘ年３月期の決算に基づく金額を使用してよいのでしょうか。

解説

　類似業種比準方式においては，必ず平成Ｘ－１年３月期の決算に基づく金額を使用しますが，純資産価額方式においては，平成Ｘ年３月期の決算に基づく金額を使用しても差し支えありません。

１　類似業種比準方式

　上場会社に準ずるような大会社の株式については，上場会社の評価とのバランスを考慮し，評価会社の事業内容が類似する上場会社の株価に比準して評価額を求める方式により評価することとされ，この評価方法を類似業種比準方式といいます。

　また，中会社及び小会社の株式であっても，純資産価額方式との併用を原則としているため，類似業種比準方式による評価額の算定が必要となる場合が多くなります。

　類似業種比準方式は，評価会社の事業内容と類似する業種を選び，その類似業種の株価，１株当たり（資本金等の額50円当たり）の配当金額，年利益金額及び純資産価額（以下，この３つの金額等を併せて「配当金額等」といいます）を基とし，評価会社の配当金額等と比較して，評価会社の株式の価額を求める方法です。

株式の価格形成要因には，この配当金額等のほか，事業の内容，将来性，資本系列，経営者の手腕，その業界の経済的環境等，様々な要因が考えられ，株式の評価に当たっては，これらのすべてを比準することが望ましいのですが，係数としてとらえられないものもあること等から，最も基本的な要因である，1株当たりの配当金額，年利益金額及び純資産価額の3つを基として計算した比準価額によることとしています。

　ところで，類似業種の株価と配当金額等は，国税庁長官の通達（「平成〇年分の類似業種比準価額計算上の業種目及び業種目別株価等について」）として公表されていますが，これらの金額は，金融商品取引所に上場しているすべての会社を対象（以下，この会社を「標本会社」といいます）として，業種目ごとに前年の10月31日以前に終了した事業年度末の平均値を算定しています。

　なお，①本年中に上場廃止が見込まれる会社，②前年中途に上場した会社，③配当金額等のうち2つ以上が0又はマイナスである会社，④資本金等の額が0又はマイナスである会社及び⑤設立2年未満の会社は標本会社から除外されています。これは，それぞれの状況から，各月ごとの株価や前年平均株価などが求められない，またはその計算が不適当となるなどによるものです。

　したがって，類似業種の株価と配当金額等は，標本会社の前年以前の実績に基づいて算定されていることから，評価会社と標本会社の配当金額等を比較して算定する類似業種比準方式においては，評価会社の前年以前の実績に基づいて算定しないと，正しい評価額が算定されません。

　以上のことから，類似業種比準方式においては，課税時期が直後期末（設問ではＸ年3月期）の方が近い場合であっても，直前期末（設例ではＸ－1年3月期）の金額等を基に算定することになります。

2　純資産価額方式

　純資産価額方式とは，評価会社の課税時期現在における資産及び負債（以下「資産等」といいます）を評価通達の定めによって評価した価額（相続税評価額）に評価替えするなどして，1株当たりの価額を算定する評価方式をいいま

す。

　これは，課税時期（相続開始日や受贈日）にその会社を清算するとしたら，1株当たりいくら分配できるのか計算をするということです。

　したがって，課税時期が事業年度の途中である場合には，課税時期における仮決算を行って資産等の金額を算定する必要があります。

　もっとも，課税時期が事業年度末日と同じであることの方がまれですから，ほとんどの場合，仮決算を行う必要がありますが，実務上，特定の日に遡及して仮決算を行うことは容易ではありません。

　そこで，評価会社が課税時期において仮決算を行っていないため，課税時期における資産等の金額が明確でない場合において，直前期末から課税時期までの間に資産等について著しく増減がないため評価額の計算に影響が少ないと認められるときは，直前期末の資産等を対象とし，課税時期の属する年分の財産評価基準を適用して計算した金額を基として純資産価額を算定しても差し支えないこととされています。

　この「著しく増減がない」については，個々に判断することになりますが，例えば，土地の売却や建物の取壊しなどの非経常的な損益の発生，急激な業績の変動により直後期末の純資産価額が直前期末の数倍になった，又は大きく減少したなどの場合が考えられます。

　以上のことから，実務上，直前期末の資産等の帳簿価額を基に，土地や有価証券など評価替えの必要な項目について課税時期の「相続税評価額」欄を計算して純資産価額を算定しています。

　しかし，設問のように，課税時期の翌日が直後期の場合には，課税時期に仮決算を行って算定した資産等の金額は，直後期末の資産等の金額とほぼ同様になると考えられますので，このような場合にまで直前期末の資産等を基に純資産価額を算定することは適当ではありません。

　このように，直前期末の資産等を基に純資産価額を算定するより，直後期末の資産等を基に純資産価額を算定した方が，仮決算を行って算定した純資産価額に近い場合もあることから，直後期末の資産等を基に純資産価額を算定して

も差し支えないこととされています。

　純資産価額は，課税時期における仮決算を基に算定するのが原則であって，直前期末の資産等を基に算定するのは簡便法にすぎませんが，課税時期と決算期を考慮して，直後期末の資産等を基に算定しても問題はありません。

（松岡　章夫）

評基通183

事例03 受取配当等の益金不算入額から控除する所得税額

　非上場会社の株式の評価の類似業種比準方式における「1株当たりの利益金額」の計算をする際に，「受取配当等の益金不算入額」から「左の所得税額」を控除しますが，元本保有期間が100％ではない場合や負債利子がある場合には，この「左の所得税額」はどのように計算するのでしょうか。教えてください。

解説

　「左の所得税額」は，原則，法人税申告書の別表六㈠の控除を受ける所得税額となりますが，「受取配当等の益金不算入額」が限度になると考えられます。

1　法人税法上の規定

　内国法人が他の内国法人から剰余金の配当（株式又は出資に係るものに限り，資本剰余金の額の減少に伴うもの及び分割型分割によるものを除きます）等を受けるときは，その配当等の額のうち，一部又は全部がその内国法人の各事業年度の所得の金額の計算上，益金の額に算入されません（法法23①，②）。

　① 完全子会社株式等に係る配当等の額……全額益金不算入
　② 関連法人株式等に係る配当等の額……関連法人株式等に係る負債利子額を控除した残額が益金不算入
　③ 非支配目的株式等に係る配当等の額……20％が益金不算入
　④ 上記以外のその他の株式等に係る配当等の額……50％が益金不算入

　なお，関連法人株式等とは，内国法人が他の内国法人の発行済株式又は出資（当該他の内国法人が有する自己の株式又は出資を除きます）の総数又は総額の3分の1を超える数又は金額の株式又は出資を有する場合における当該他の

内国法人の株式又は出資（①に規定する完全子法人株式等を除きます）をいいます。

非支配目的株式等とは，内国法人が，他の内国法人の発行済株式又は出資の総数又は総額の100分の5以下に相当する数又は金額の株式又は出資を有する場合における当該他の内国法人の株式又は出資をいいます。

また，その配当等の額について源泉徴収された所得税は，法人税の申告に当たって控除することができます（法法68）。控除される所得税額は，その元本の所有期間に対応する税額だけが控除されることになります（法令140の2）。

2 財産評価基本通達での規定

財産評価基本通達では，類似業種比準方式における評価会社の1株当たりの「1株当たりの利益金額」は，「直前期末以前1年間における法人税の課税所得金額（固定資産売却益，保険差益等の非経常的な利益の金額を除く）に，その所得の計算上益金に算入されなかった剰余金の配当（資本金等の額の減少によるものを除く）等の金額（所得税額に相当する金額を除く）及び損金に算入された繰越欠損金の控除額を加算した金額（その金額が負数のときは，0とする）を，直前期末における発行済株式数で除して計算した金額とする」という規定があります（評基通183）。

ここでいう，所得税額に相当する金額を除く，という規定の具体的な計算方法は明確でありませんので，具体的な事例でみていくこととします。

3 元本保有期間が100％ではない場合

次のような前提で，「左の所得税額」は，以下のように計算します。
（前提）
① 受取配当等の額
　1,000,000円（上場株式に係るもので，非支配目的株式等に該当するものとします）

② 受取配当等の益金不算入額

1,000,000円×20%＝200,000円

③ ①に係る源泉徴収された所得税額，復興特別所得税額

1,000,000円×15.315%＝153,150円

④ ③のうち控除を受ける所得税額

$153,150円 \times \dfrac{4月}{6月}$（＝0.667，小数点以下3位未満切上げ）＝102,100円

配当等の計算基礎期間が6月で，そのうち元本所有期間が4月とします（個別法）。

（評価明細書）

項　　目	金　　額	備　　考
受取配当等の益金不算入額	200,000円	②の金額
左の所得税額	102,100円	（注）参照

（注） 左の所得税額とあるので，200,000円×15.315%＝30,630円となりそうですが，あくまでも「1株当たりの利益金額」を算出するための法人税の課税所得金額の調整計算ですので，法人税の申告書別表四に平仄をあわせ，上記の金額となります。
　　　また，平成49年までの各年分の左の所得税額には2.1%の復興特別所得税額が含まれます（以下同じです）。

4　負債利子がある場合

次のような前提で，「左の所得税額」は，以下のように計算します。

（前提）

① 受取配当等の額

1,000,000円（関連法人株式等に係るもので，非上場株式とします）

② 関連法人株式等に係る負債利子の額

900,000円

③ 受取配当等の益金不算入額

1,000,000円－900,000円＝100,000円

④ ①に係る源泉徴収された所得税額,復興特別所得税額

1,000,000円×20.42％＝204,200円

(評価明細書)

項　　　目	金　　額	備　　考
受取配当等の益金不算入額	100,000円	③の金額
左の所得税額	100,000円	(注)参照

(注)　上記**3**と同様に考えれば,「左の所得税額」は204,200円となりそうですが,そうしてしまいますと,100,000円を加算して,204,200円を減算することになり,結果として104,200円を法人税の課税所得金額から減算することになります。そもそも,「1株当たりの利益金額」は,法人税の課税所得金額を原則としつつも,非経常的な利益の金額を控除し,益金に算入されなかった剰余金の配当等を加算し,損金に算入された繰越欠損金の控除額を加算することが基本にあり,上記のようにマイナスを想定したものではないと考えられます。

したがって,「受取配当等の益金不算入額」－「左の所得税額」の金額をマイナスにするのは適当ではなく,「左の所得税額」は「受取配当等の益金不算入額」が限度になると考えられます。したがって,「左の所得税額」は100,000円となります。

(松岡　章夫)

評基通181―2

事例04　業種を兼業している場合の業種目の判定

　私が経営するA社は，財産評価基本通達で大会社に該当します。そこで，A社が発行する取引相場のない株式の評価は類似業種比準方式により評価することとなりますが，A社は，レストランと不動産賃貸を兼業しています。この場合，類似業種比準価額計算上の業種目はいずれになるのでしょうか。

　A社の直前期末以前1年間における総取引金額に占める各業種の取引金額のウエイトは，レストランが75％，不動産賃貸が25％です。

解説

　A社の類似業種比準価額計算上の業種目は，業種目番号101「食堂・レストラン」になります。

1　類似業種比準価額の計算式

$$A \times \frac{\frac{ⓑ}{B} + \frac{ⓒ}{C} + \frac{ⓓ}{D}}{3} \times 0.7$$

　上記算式中の「A」「B」「C」「D」は，順番に，類似業種の株価，類似業種の1株当たりの配当金額，利益金額，純資産価額（帳簿価額によって計算した金額）です。

　そして，この類似業種比準価額計算上の業種目とこれらの金額は，「類似業種比準価額計算上の業種目及び業種目別株価等」（法令解釈通達）で国税庁から公表されています。

　業種目「食堂・レストラン」「不動産賃貸業，管理業」の配当金額等は，次のとおりで，業種目の判定が株式の価額に影響することがわかると思います。

業　種　目	B　配当金額	C　利益金額	D　簿価純資産価額
食堂・レストラン	2.4	13	88
不動産賃貸業，管理業	4.5	29	170

「平成29年分の類似業種比準価額計算上の業種目及び業種目別株価等について」

2　評価会社の業種目

　評価会社の事業がどの業種目に該当するかは，直前期末以前1年間における評価会社の目的とする事業に係る収入金額（金融業・証券業については収入利息及び収入手数料）（以下「取引金額」といいます）に基づいて判定します。

　また，業種目は，大分類，中分類及び小分類に区分して定められていますが，業種目が小分類まで細分化されている場合には，原則，小分類による業種目，業種目が中分類までの細分となっている場合は，原則，中分類の業種目によることとなります。

　なお，業種目が小分類まで細分化されている場合には，小分類とその小分類が属する中分類の業種目との選択を，業種目が中分類までの細分となっている場合は，中分類とその中分類が属する大分類の業種目との選択をすることができます。

3　兼業している場合の業種目の判定

　評価会社が，複数の業種を兼業している場合の業種目の判定は，取引金額全体のうちに占める業種目別の取引金額の割合（「業種目別の割合」といいます）が50％を超える業種目を，評価会社の業種目とします。

　したがって，A社の属する業種目は，レストランの取引金額のウエイトが75％で，業種目別の割合が50％を超えることから，業種目番号101「食堂・レストラン（専門料理店を除く）」になります。

　また，A社が属する業種目の場合は，次のとおり，業種目が小分類まで細分化されていることから，小分類の業種目「食堂・レストラン」と中分類の業種目「飲食店」を選択することができます。

【業種目】

大分類		
	中分類	
		小分類
宿泊業，飲食サービス業		
	飲食店	
		食堂・レストラン（専門料理店を除く） 専門料理店 その他の飲食店
	その他の宿泊業，飲食サービス業	

なお，複数の業種目別の割合が，いずれも50％を超える主たる業種目がない場合は，次の例に従い判定します。

4 主たる業種目がない場合の業種目の判定

(1) 評価会社の事業が1つの中分類の業種目中の2以上の類似する小分類の業種目に属し，それらの業種目別の割合の合計が50％を超える場合

その中分類の中にある類似する小分類の「その他の○○業」となります。

※ 小分類の業種目中「その他の○○業」が存在する場合には，原則として，同一の上位業種目に属する業種目はそれぞれ類似する業種目となります。

【例示】

業　種　目	業種目別の割合
電子部品製造業	45％
電子回路製造業	30％
ソフトウェア業	25％

【業種目】

```
┌─────────────────────────────────────────────┐
│ 大分類                                        │
│  ┌──────────────────────────────────────────┐│
│  │ 中分類                                     ││
│  │  ┌───────────────────────────────────────┐││
│  │  │ 小分類                                  │││
│  └──┴───────────────────────────────────────┴┘│
│ 製造業                                        │
│  ┌──────────────────────────────────────────┐│
│  │ 電子部品・デバイス・電子回路製造業          ││
│  │  ┌───────────────────────────────────────┐││
│  │  │ 電子部品製造業                          │││
│  │  │ 電子回路製造業                          │││
│  │  │ その他の電子部品・デバイス・電子        │││
│  │  │ 回路製造業                              │││
│  └──┴───────────────────────────────────────┴┘│
└─────────────────────────────────────────────┘
```

　この例示の場合の業種目は，評価会社の事業が１つの中分類（電子部品・デバイス・電子回路製造業）中の２以上の類似する小分類（電子部品製造業45％＋電子回路製造業30％＝75％）の業種目に属しており，それらの業種目別の割合の合計が50％を超えることから，中分類の中にある小分類の「その他の電子部品・デバイス・電子回路製造業」になります。

(2)　評価会社の事業が１つの中分類の業種目中の２以上の類似しない小分類の業種目に属し，それらの業種目別の割合の合計が50％を超える場合（(1)に該当する場合を除きます）

　　その中分類の業種目となります。

【例示】

業　種　目	業種目別の割合
農畜産物・水産物卸売業	45％
食料・飲料卸売業	30％
専門料理店	25％

```
【業種目】
┌─────────────────────────────────────┐
│ 大分類                                │
│   ┌─────────────────────────────────┐│
│   │ 中分類                          ││
│   │   ┌─────────────────────────────┤│
│   │   │ 小分類                      ││
│ 卸売業                                │
│   ┌─────────────────────────────────┐│
│   │ 飲食料品卸売業                  ││
│   │   ┌─────────────────────────────┤│
│   │   │ 農畜産物・水産物卸売業      ││
│   │   │ 食料・飲料卸売業            ││
└─────────────────────────────────────┘
```

　この例示の場合の業種目は，評価会社の事業が1つの中分類（飲食料品卸売業）の業種目中の2以上の類似しない小分類（農畜産物・水産卸売業45％＋食料・飲料卸売業30％＝75％）の業種目に属し，それらの業種目別の割合の合計が50％を超えることから，その中分類の業種目「飲食料品卸売業」となります。

(3) 評価会社の事業が1つの大分類の業種目中の2以上の類似する中分類の業種目に属し，それらの業種目別の割合の合計が50％を超える場合

　　その大分類の中にある類似する中分類の「その他の○○業」となります。

　※　中分類の業種目中「その他の○○業」が存在する場合には，原則として，同一の上位業種目に属する業種目はそれぞれ類似する業種目となります。
　　「無店舗小売業」（中分類）については，「小売業」（大分類）に属する他の中分類の業種目（例：各種商品小売業，飲食料品小売業など）とは類似しない業種目になります。したがって，他の中分類の業種目の割合と合計することにより50％を超える場合は，次の(4)により「小売業」となります。

(4) 評価会社の事業が1つの大分類の業種目中の2以上の類似しない中分類の業種目に属し，それらの業種目別の割合の合計が50％を超える場合（(3)に該当する場合を除きます）

　　その大分類の業種目となります。

(5) (1)から(4)のいずれにも該当しない場合

　大分類の業種目の中の「その他の産業」となります。

(山岡　美樹)

評基通181—2

事例05 業種を変更している場合の業種目の判定

　評価会社が課税時期の直前期中において，業種を大きく変更している場合，類似業種比準方式の計算上の業種の判定はどうするのでしょうか。

解説

　課税時期の直前期中において，業種を変更している場合には，直前期において取引金額の多い方の業種に属することになります。

1　類似業種比準方式

　類似業種比準方式は，上場会社の事業内容を基にして定められている類似業種比準価額計算上の業種目のうち，評価会社の事業内容と類似するもの（以下，「類似業種」といいます）を選び，その類似業種の株価，配当金額，年利益金額及び純資産価額を基にして，評価会社の配当金額，年利益金額及び純資産価額を比準要素として，評価会社の株価を算出する方法です。

　また，取引相場の株式の相続税評価額を算出する際に，評価会社の事業規模等に基づいて，課税時期の直前期末における総資産価額（帳簿価額）及び課税時期の直前期末以前1年間における取引金額により，大会社，中会社，小会社に分類して評価を行います。

　この際，評価会社が「卸売業」，「小売・サービス業」又は「卸売業，小売・サービス業以外」のいずれの業種に該当するかにより，判定基準が異なりますが，これは企業の大小は，その業種により異なるという側面から来ているものと思われます。

2 業種変更があった場合

　評価会社が課税時期の直前期中において，業種を大きく変更している場合について，①会社規模の判定に当たり，業種の判定をどうするのか，②類似業種比準価額計算上の業種目をどうするのか，という問題を生じます。つまり，課税時期の業種によるのか，課税時期の直前期における売上の大小によるのか，他の方法があるのか，ということになります。

　まず，会社規模の判定に当たり，業種の判定をどうするのかという点ですが，「課税時期の直前期末における総資産価額（帳簿価額）」及び「課税時期の直前期末以前1年間における取引金額」が判定基準になっています。課税時期の直前期の途中で業種を変更した場合には，直前期末では，新業種になっているはずです。一方，直前期1年間の取引金額は，旧業種の売上と新業種の売上が混在していることになります。「卸売業」，「小売・サービス業」又は「卸売業，小売・サービス業以外」ごとに判断基準を定めているということは，業種の特質を考慮したものと考えられますから，少なくともの直前期1年間の取引金額は，その1年間の売上の大きい方の業種を取ることが合理的と考えられます。また，直前期末の総資産価額は過去からの蓄積ということになりますので，直前期の売上だけで判断はできませんが，過去からの評価会社の業種をすべて洗い出すことは適当でありません。したがって，直前期の売上の多いものを採用することに合理性があると思いますので，取引金額も期末総資産価額も直前期の売上の多い方を採用することになります。

　次に，類似業種比準価額計算上の業種目をどうするのかという問題ですが，類似業種の株価，配当金額，年利益金額及び純資産価額を評価会社のものと比較するわけですから，なるべく近い業種のものを比較しないと意味がありません。したがって，上記規模の判定基準と同様に，課税時期の業種によらずに，課税時期の直前期における売上の大きい方の業種によることになります。

（松岡　章夫）

評基通183

事例06 事業年度の変更をしている場合の１株当たりの配当金額等の計算

評価会社が課税時期の直前期末以前１年間において，事業年度の変更を行っている場合の類似業種比準方式の計算は，どのようになるのでしょうか。

解説

課税時期の直前期末１年間において，決算期変更があった場合には，取引金額，年利益金額は年換算計算を行うことになりますが，具体的な設例をもって説明します。

1 具体的な設例

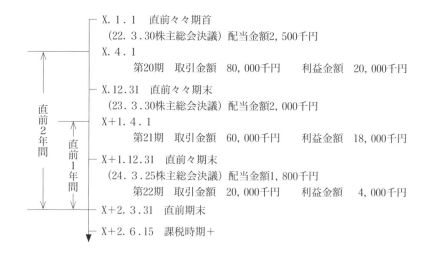

- X.1.1　直前々々期首
  （22.3.30株主総会決議）配当金額2,500千円
- X.4.1
  　　第20期　取引金額　80,000千円　　利益金額　20,000千円
- X.12.31　直前々々期末
  （23.3.30株主総会決議）配当金額2,000千円
- X+1.4.1
  　　第21期　取引金額　60,000千円　　利益金額　18,000千円
- X+1.12.31　直前々期末
  （24.3.25株主総会決議）配当金額1,800千円
  　　第22期　取引金額　20,000千円　　利益金額　4,000千円
- X+2.3.31　直前期末
- X+2.6.15　課税時期＋

（左側：直前２年間／直前１年間）

2　直前期末1年間における取引金額

「直前期末1年間における取引金額」は，その期間における評価会社の目的とする事業に係る収入金額をいいます（評基通178(3)）ので，事業年度の変更にかかわらず，直前期末以前1年間における1年間の実際の収入金額によることになります。

設例の場合の直前期末は，平成X＋2年3月31日ですから，直前期末以前1年間の計算対象期間は，平成X＋1年4月1日から平成X＋2年3月31日までということになります。このような場合には，直前期末に終了した事業年度（3カ月）の利益金額に，平成X＋1年4月1日から平成X＋1年12月31日までの9カ月間の取引金額を加算することとなります。この場合，会社が月次決算を行っているときには，この9カ月間の取引金額を合理的に算出できますが，月次決算を行っていないときには，算出できませんので，課税上の弊害がない限り，直前々期末に終了した事業年度（12カ月）の利益金額のうち12分の9に相当する金額として差し支えないと思われます。

具体的には，直前期末以前1年間の取引金額は，次のとおりとなります。

$$20,000千円 + 60,000千円 \times \frac{9}{12} = 65,000千円$$

3　1株当たりの配当金額

「1株当たりの配当金額」は，直前期末以前2年間におけるその会社の剰余金の配当金額（特別配当，記念配当等の名称による配当金額のうち，将来毎期継続することが予想できない金額を除く）の合計額の2分の1に相当する金額を，直前期末における発行済株式数で除して計算した金額となります（評基通183(1)）。

この場合の「剰余金の配当金額」は，各事業年度中に配当金交付の効力が発生した剰余金の配当金額を基とします（評基通183(注)1）ので，設例の場合の直前期末以前2年間（平成X年4月1日から平成X＋2年3月31日までの2年間）に配当金交付の効力が発生した株主総会の決議のあった配当を計算の

中に加えることになります。1株当たりの配当金額の計算上，月数按分という考えは不要であると考えます。

具体的には，直前期末以前2年間の配当金額の2分の1は，次のとおりとなります。

$$\frac{2,000千円＋1,800千円}{2}＝1,900千円$$

4　1株当たりの利益金額

直前期末以前1年間における法人税の課税所得金額（固定資産売却益，保険差益等の非経常的な利益の金額を除く）に，その所得の計算上益金に算入されなかった剰余金の配当（資本金等の額の減少によるものを除く）等の金額（所得税額に相当する金額を除く）及び損金に算入された繰越欠損金の控除額を加算した金額（その金額が負数のときは，0とする）を，直前期末における発行済株式数で除して計算した金額となります。ただし，納税義務者の選択により，直前期末以前2年間の各事業年度について，それぞれ法人税の課税所得金額を基とし上記に準じて計算した金額の合計額（その合計額が負数のときは，0とする）の2分の1に相当する金額を直前期末における発行済株式数で除して計算した金額とすることができます（評基通183(2)）。

設例の場合の直前期末は，平成X＋2年3月31日ですから，直前期末以前1年間の利益金額の計算対象期間は，平成X＋1年4月1日から平成X＋2年3月31日までの1年間ということになります。しかし，評価会社では直前期末から事業年度の変更をしているため，直前期末以前1年間に対応する利益金額は，直接算出することはできません。そこで，このような場合には，直前期末に終了した事業年度（3カ月）の利益金額に，平成X＋1年4月1日から平成X＋1年12月31日までの9カ月間の利益金額を加算することとなります。この場合，会社が月次決算を行っているときには，この9カ月間の利益金額を合理的に算出できますが，月次決算を行っていないときには，算出できませんので，課税上の弊害がない限り，直前々期末に終了した事業年度（12カ月）の利益金額

のうち12分の9に相当する金額として差し支えないと思われます。

具体的には,直前期末以前1年間の利益金額は,次のとおりとなります。

$$4,000千円 + 18,000千円 \times \frac{9}{12} = 17,500千円 \quad \cdots ①$$

さらに,納税義務者の選択により,2年間の平均で計算するときには,平成X年4月1日から平成X+2年3月31日までの2年間を計算することが理論的ではありますが,課税上の弊害がない限り,第21期の18,000千円と上記①の17,500千円の平均額である17,750千円として差し支えないものと考えます。

(松岡　章夫)

評基通184

事例07 直前期末後から課税時期までに剰余金の配当金があった場合

　被相続人甲は，本年（X年）の6月25日に死亡しました。被相続人甲の相続財産にはA社が発行した取引相場のない株式があります。
　ところで，この評価会社A社は，財産評価基本通達178（取引相場のない株式の評価上の区分）で定める中会社に該当します。A社の決算期等は次のとおりで配当金の交付があります。A社株式を評価する上で，株式の価額の修正はどのようになるのでしょうか。なお，純資産価額の計算は，仮決算を行わず直前期末（X年3月31日）の帳簿を基に行います。

　　直　前　決　算　期：X-1年4月1日～X年3月31日
　　配当金の交付基準日：X年3月31日
　　株 主 総 会 開 催 日：X年5月25日
　　配 当 金 受 領 日：X年6月11日

解説

(1)　中会社の評価

　中会社の株式の価額は次の算式により計算します（評基通179(2)）。
　なお，算式中の類似業種比準価額，1株当たりの純資産価額については，(2)の修正及び(3)の調整を行った価額となります。

$$\boxed{\text{類似業種比準価額}} \times L + \boxed{\begin{array}{l}1株当たりの純資産価額（相続税\\評価額によって計算した金額）\end{array}} \times (1-L)$$

　　※　Lの割合は，会社の業種，規模に応じて「0.90」「0.75」「0.60」

(2)　類似業種比準価額

　類似業種比準価額を計算した場合において，評価会社の株式が直前期末の翌日から課税時期までの間に配当金交付の効力が発生しているので，次の算式により修正した金額をもって類似業種比準価額とします。

$$\boxed{\text{財産評価基本通達180（類似業種比準価額）の定めにより計算した価額}} - \boxed{\text{株式1株に対して受けた配当の金額}}$$

(3) 1株当たりの純資産価額（仮決算を行わないで直前期末の帳簿を基に行う場合）

　帳簿に負債としての記載がない場合であっても，直前期末日後から課税時期までに確定した剰余金の配当等の金額は，負債として取り扱い計算を行います。

1　課税時期と課税対象財産

　配当金交付の基準日から配当金受領日までの間における課税時期と課税対象財産の関係を整理すると次のとおりになります（評基通168(3)(7)）。

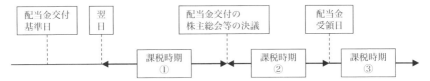

課税時期が①の期間……A社株式とA社の配当期待権
課税時期が②の期間……A社株式とA社からの未収配当金
課税時期が③の期間……A社株式と受領した配当金（例：現金，預貯金）

　質問の場合は，課税時期が③であることから，A社株式と受領した配当金（たとえば，現金や預貯金）が課税対象財産となります。

2　類似業種比準価額の修正

　類似業種比準価額は，類似業種の株価並びに1株当たりの配当金額，年利益金額及び純資産価額（帳簿価額によって計算した金額）を基とし，次の算式により計算します（評基通180）。

$$A \times \frac{\frac{ⓑ}{B} + \frac{ⓒ}{C} + \frac{ⓓ}{D}}{3} \times 0.7$$

　上記算式中の「A」，「ⓑ」，「ⓒ」，「ⓓ」，「B」，「C」及び「D」は，それぞれ次によります。

「A」＝類似業種の株価
「Ⓑ」＝評価会社の1株当たりの配当金額
「Ⓒ」＝評価会社の1株当たりの利益金額
「Ⓓ」＝評価会社の1株当たりの純資産価額（帳簿価額によって計算した金額）
「B」＝課税時期の属する年の類似業種の1株当たりの配当金額
「C」＝課税時期の属する年の類似業種の1株当たりの年利益金額
「D」＝課税時期の属する年の類似業種の1株当たりの純資産価額（帳簿価額によって計算した金額）

※　0.7は，中会社の場合は「0.6」，小会社の場合は「0.5」

上記算式中の「Ⓑ」評価会社の1株当たりの配当金額，「Ⓒ」評価会社の1株当たりの利益金額，「Ⓓ」評価会社の1株当たりの純資産価額（帳簿価額によって計算した金額）は，直前期（質問の場合はＸ－1年4月1日〜Ｘ年3月31日）のＡ社「配当金」，「利益金額」，「1株当たりの純資産価額（帳簿価額によって計算した金額）」を基に計算を行います。

ところで，直前期末の翌日から課税時期までの間に配当金交付の効力が発生した場合は，未収配当金（配当金を受領している場合は現金等）として評価の対象とされることになりますので，上記**1**の課税時期が②，③にある場合は，次の価額に修正します（評基通184）。

| 財産評価基本通達180（類似業種比準価額）の定めにより計算した価額 | － | 株式1株に対して受けた配当の金額 |

3　純資産価額の調整

1株当たりの純資産価額（相続税評価額）の計算は，課税時期における各資産及び各負債の金額によることとされていますが，評価会社が課税時期において仮決算を行っていないため，課税時期における資産及び負債の金額が明確でない場合においても，直前期末から課税時期までの間に資産及び負債について著しく増減がないため評価額の計算に影響が少ないと認められるときの課税時

期における各資産及び各負債の金額は，
　(1)　「相続税評価額」欄については，直前期末の資産及び負債の課税時期の相続税評価額
　(2)　「帳簿価額」欄については，直前期末の資産及び負債の帳簿価額
により計算しても差し支えないものとされています。

　そして，上記(1)(2)の場合において，帳簿に負債としての記載がない場合であっても，直前期末日後から課税時期までに確定した剰余金の配当等の金額は，負債として取り扱うこととされています（「相続税及び贈与税における取引相場のない株式等の評価明細書の様式及び記載方法等について」）。

　上記**1**の課税時期が②，③にある場合は，直前期末日後から課税時期までに確定した剰余金の配当等の金額は，負債として取り扱うこととなります。

4　配当期待権が発生している場合の修正

　上記**1**の課税時期が①にある場合は，課税時期において配当期待権の発生している場合としての株式の価額の修正を行うとともに，配当期待権の評価を行います。

　したがって，上記**2**の修正や**3**の調整は行いません。

(1)　株式の価額の修正（評基通187(1)）

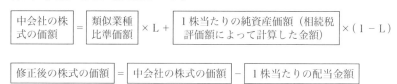

(2)　配当期待権（評基通193）

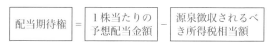

（山岡　美樹）

評基通183

事例08　資本金等の額がマイナスの場合

　評価する会社の資本金等の額がマイナスとなっていますが，類似業種比準方式で評価額を算定する場合において，どのように計算したらよいのでしょうか。

解説

　資本金等の額はマイナスのまま計算すればよいので，評価額がマイナスとなる心配はありません。

1　資本金等の額

　取引相場のない株式の評価は，平成18年の会社法の施行に伴う法人税を含めた財産評価基本通達の改正前においては，「資本金額」を基に行っていました。

　そもそも資本金は，出資者が拠出した資金であって，資本金そのものがマイナスということはあり得ませんので，以前はこのような問題はありませんでした。

　しかし，平成18年の財産評価基本通達の改正によって，「資本金額」が「資本金等の額」に変更されたため「資本金等の額」がマイナスとなる事例が発生するようになりました。

　主な原因として，自己株式を取得した際，その取得額が，自己株式に相当する資本金等の額を大幅に上回っている場合などが考えられます。

　そこで，本来，類似業種比準方式で想定していなかった，資本金等の額がマイナスという事態にどのように対処すべきかについて検討します。

2 類似業種比準方式の算定方法

類似業種比準方式は，評価会社の事業内容と類似する業種を選び，その類似業種の株価，1株当たりの配当金額，年利益金額及び純資産価額（以下，この3つの金額等を併せて「3要素」といいます）を基とし，評価会社の3要素と比較して，評価会社の株式の価額を求める方法です。

この場合の，類似業種の株価及び3要素は，1株当たりの金融商品取引所に上場している会社を基に算定していますが，古くから設立された会社が多いため，1株当たりの資本金は50円が大多数のようです。

したがって，類似業種の株価及び3要素は，資本金等の額が50円とした場合の金額で算定されています。

ところで，上記の1株当たりの資本金は，昭和25年には500円に，昭和57年には50,000円になるなど，評価する会社の1株当たりの資本金等の額は，必ずしも50円とは限りませんので，単純に3要素と比較するわけにはいきません。そこで，資本金等の額が50円でない場合には調整をすることになります。

その調整は，評価する会社の1株当たりの資本金等の額を50円とした場合の発行済株式数を算出し（表1の⑤），次に評価する会社がこの株数だったとした場合の1株当たりの3要素を算出して比準価額を算定し（表1の㉒），さ

表1

第4表 類似業種比準価額等の計算明細書　　　　　　　会社名　○○商事株式会社

（表省略）

第3章 類似業種比準方式

らにこの比準価額に実際の1株当たりの資本金等の額（表1の④）を50円で除して算定します（表1の㉖）（評基通180）。

さて，資本金等の額がマイナスの場合に，この調整をそのまま行ったらどうなるでしょうか（**表2**参照）。

まず，⑤の株数がマイナスとなります。その結果，㉕の金額がマイナスとなります。

しかし，㉖で，㉒のマイナスである比準価額に④のマイナスである実際の1株当たりの資本金等の額を掛けるので，マイナス×マイナス＝プラスとなります。

つまり，資本金等の額がマイナスであっても，そのまま計算すれば，**表2**のように㉖の評価額がマイナスとなる心配はありません。

表2

第4表　類似業種比準価額等の計算明細書　　　　　　　　　　会社名　〇〇商事株式会社

1．1株当たりの資本金等の額等の計算	①直前期末の資本金等の額	②直前期末の発行済株式数	③直前期末の自己株式数	④1株当たりの資本金等の額(①+(②-③))	⑤1株当たりの資本金等の額を50円とした場合の発行済株式数(①÷50円)
	△50,000千円	1,000株	0株	△50,000円	△1,000,000株

(省略)

3．類似業種比準価額の計算	類似業種と業種目番号	〇〇業 (No. ××)	区分		1株(50円)当たりの年配当金額	1株(50円)当たりの年利益金額	1株(50円)当たりの純資産価額	1株(50円)当たりの比準価額
	類似業種の株価	課税時期の属する月 8 ⑦ 520円	比準割合の計算	評価会社	Ⓑ △2円50銭	Ⓒ △10円	Ⓓ △100円	⑳×㉑×0.7 ※
		課税時期の属する月の前月 7 ㋑ 530円		類似業種	B 5円00銭	C 20円	D 200円	※〔中会社は0.6 小会社は0.5 とします。〕
		課税時期の属する月の前々月 6 ㋺ 510円		要素別比準割合	Ⓑ/B △0.50	Ⓒ/C △0.50	Ⓓ/D △0.50	
		前年平均株価 ㋩ 400円						
		課税時期の属する月以前2年間の平均株価 ㋥ 410円		比準割合	(Ⓑ/B + Ⓒ/C + Ⓓ/D)/3 = ㉑ 0.50		㉒ △100円 00銭	
	A ⑦、㋑、㋺、㋩及び㋥のうち最も低いもの ⑳ 400円							
1株当たりの比準価額		比準価額(㉒と㉕とのいずれか低い方) △100円 00銭 × ④の金額 △50,000円／50円					㉖ 100,000円	

（松岡　章夫）

評基通183

事例09　自己株式の取得によるみなし配当の金額がある場合

　A社は，取引相場のない株式の評価上の区分で大会社に該当し，その評価は類似業種比準方式により行う会社です。A社株式の贈与を検討しているところですが，A社の直前期において，A社の株主が死亡したことにより，その株主の相続人からの申し出に応じてA社は自己株式を取得しました。この自己株式の取得により，前述の相続人に配当等とみなされる部分（みなし配当）の金額が生じました。この場合，類似業種比準方式によりA社の株式を評価するに当たり，「1株当たりの配当金額Ⓑ」の計算上，そのみなし配当の金額を剰余金の配当金額に含める必要がありますか。

解説

　みなし配当の金額は，「1株当たりの配当金額Ⓑ」の計算上，剰余金の配当金額に含める必要はありません。

1　1株当たりの配当金額

　類似業種比準価額を求める際の1株当たりの配当金額は，直前期末以前2年間におけるその会社の剰余金の配当金額の合計額の2分の1に相当する金額を，直前期末における発行済株式数（1株当たりの資本金等の額が50円以外の金額である場合には，直前期末における資本金等の額を50円で除して計算した数によります）で除して計算した金額となります。この場合，特別配当，記念配当等の名称による配当金額のうち，将来毎期継続することが予想できない金額は除いて計算を行うこととなります（評基通183(1)）。

　この，特別配当，記念配当等の名称による配当金額のうち，将来毎期継続することが予想できない金額を除いて計算することとされているのは，通常的な

配当金額を求めるため異常要素を排除するためであると説明されています(1)。

また，計算に当たり剰余金の配当金額は，各事業年度中に配当金交付の効力が発生した剰余金の配当金額（資本金等の額の減少によるものを除きます）を基として計算することに留意する必要があります（同通達183(注) 1）。

$$\text{1株当たりの配当金額} = \frac{\text{直前期末以前2年間の配当金額}}{2} \div \text{1株当たりの資本金等の額を50円とした場合の発行済株式数}$$

2 配当等とみなす金額について

配当について所得税法では次のように規定しています。

(1) 配当所得

所得税法24条において配当所得とは，法人から受ける剰余金の配当，利益の配当，基金利息並びに投資信託及び特定受益証券発行信託の収益の分配（これらを「配当等」といいます）に係る所得をいうと規定しています。

(2) 配当等とみなす金額

一方，自己株式を取得した場合のいわゆるみなし配当については，所得税法25条で，法人の株主等が当該法人の自己の株式又は出資の取得により金銭その他の資産の交付を受けた場合において，その金銭の額及び金銭以外の資産の価額の合計額が当該法人の法人税法2条16号に規定する資本金等の額のうちその交付の基因となった当該法人の株式又は出資に対応する部分の金額を超えるときは，この法律の規定の適用については，その超える部分の金額に係る金銭その他の資産は，剰余金の配当，利益の配当又は剰余金の分配とみなすと規定しています。この所得税法25条については，形式的には法人の剰余金の配当等ではないが，株式の消却，法人の解散による残余財産の分配等の方法で，実質的に剰余金の配当等に相当する法人利益の株主等への帰属が認められる行為が行われたときに，その経済的実質に着目して，これを配当とみなして株主等に課税する趣旨の規定であると説明されています(2)。

3 改正会社法と評価通達の関係

会社法改正による「1株当たりの配当金額」の計算について平成18年7月7日付資産評価企画官情報等において概略次のように説明されているところです。

> 株主に対する配当については、会社法（平成17年法律第86号）施行前の旧商法では、「利益の配当」として、各事業年度の決算で確定した利益を定時株主総会における利益処分案の決議を経て年1回配当することが認められていた。
>
> ところで、会社法では、各事業年度の決算で確定した「利益の処分」による配当という考え方ではなく、定時・臨時にかかわらず、株主総会の決議があれば、事業年度中、何回でも「剰余金の配当」として株主に配当することを可能とし、また、「剰余金の配当」の原資は利益に限られておらず、資本金や資本準備金の減少によって生じた剰余金（以下「その他資本剰余金」という）を原資とするものも含まれることとされた。
>
> そこで、その他資本剰余金を原資とした「剰余金の配当」について、旧商法における「利益の配当」ではない（資本の払戻しである）ため、その他資本剰余金を原資とする金額を除くこととした。

4 ま と め

上記 2 のとおり所得税法上、剰余金の配当とみなし配当は区分されています。また、上記 1 のとおり、直前期末以前2年間の配当金額の計算に当たり特別配当、記念配当等の名称により行われる配当金額のうち、将来毎期継続して行われることが予測できないような配当金額を除くこととしているのは、経常的な配当金額を求めるための異常要素を排除するためであると説明されています。さらに、上記 3 の改正会社法と評価通達の関係も考え併せると、自己株式取得に係るみなし配当の金額は、「1株当たりの配当金額Ⓑ」の計算上、剰余金の

配当金額に含める必要はないものと考えられます。

　また，株主優待利用券等による経済的利益相当額がある場合の「1株当たりの配当金額Ⓑ」の計算において，株主優待利用券等については，法人の利益の有無にかかわらず供与され，株式に対する剰余金の配当又は剰余金の分配とは認め難いとされていますので，評価会社の剰余金の配当金額に加算をする必要がないこととされています。

(注)
(1) 「平成25年版財産評価基本通達逐条解説」P605　谷口裕之編　一般財団法人大蔵財務協会
(2) 「五訂版　注解所得税法」P353　注解所得税法研究会編　一般財団法人大蔵財務協会

（山岡　美樹）

評基通183

事例10 非経常的な利益がある場合の1株当たりの利益金額

　A社は、財産評価基本通達178における小会社に該当します。A社は直前期中に、2か所土地を売却しており、この土地の売却によって売却益（2,000万円）と売却損（5,000万円）が出ています。A社の株式の評価額は、類似業種比準価額と1株当たりの純資産価額を基に求めることとしています。類似業種比準価額を求める場合、評価会社の1株当たりの利益金額については、固定資産売却益、保険差益等の非経常的な利益の金額がある場合、この金額を法人税の課税所得金額から控除して計算することができるとされています。

　A社株式の評価において1株当たりの利益金額を求める場合、土地の売却益2,000万円を控除して計算をすることができるのでしょうか。なお、A社の直前期中の非経常的な損益はこの土地の売却に係るものだけです。

解説

　2か所の土地の損益を通算すると利益が算出されないことから、控除できる非経常的な利益はありません。

1　評価会社の1株当たりの利益金額

　評価会社の1株当たりの利益金額は、直前期末以前1年間における法人税の課税所得金額（固定資産売却益、保険差益等の非経常的な利益の金額を除きます）に、その所得の計算上益金に算入されなかった剰余金の配当（資本金等の額の減少によるものを除きます）等の金額（所得税額に相当する金額を除きます）及び損金に算入された繰越欠損金の控除額を加算した金額（その金額が負数のときは、0とします）を、直前期末における発行済株式数で除して計算した金額となります。納税義務者の選択により、直前期末以前2年間の各事業年

度について，それぞれ法人税の課税所得金額を基とし上記に準じて計算した金額の合計額（その合計額が負数のときは，0とします）の2分の1に相当する金額を直前期末における発行済株式数で除して計算した金額とすることができます（評基通183(2)）。

$$\boxed{年利益金額} = \boxed{法人税の課税所得金額} - \boxed{非経常的な利益金額} + \boxed{受取配当等の益金不算入額} - \boxed{左の所得税額}$$

$$+ \boxed{損金算入した繰越欠損金の控除額}$$

※ 所得税額には，復興特別所得税の額に相当する金額が含まれます。

1株当たりの利益金額を求める場合の発行済株式数は，1株当たりの資本金等の額を50円とした場合における発行株式数となります。

$$発行株式数 = \frac{直前期末の資本金等の額}{50円}$$

2 非経常的な利益の金額

上記のとおり，法人税の課税所得金額から固定資産売却益，保険差益等の非経常的な利益の金額を除いて計算することとされています。この理由は，類似業種比準方式における比準要素としての利益金額は，評価会社の経常的な収益力を表すものを採用し，これと類似業種の利益金額とを比較対照して，評価会社の経常的収益力を株式の価額に反映させるためであると説明されています(注)。

ところで，企業会計原則では「特別損益は，前期損益修正益，固定資産売却益等の特別利益と前期損益修正損，固定資産売却損，災害による損失等の特別損失とに区分して表示する。」とあり，その注解12では，特別損益に属する項目として(1)臨時損益，(2)前期損益修正を掲げており，(1)臨時損益項目として次のようなものがあるとしています。

 イ 固定資産売却損益
 ロ 転売以外の目的で取得した有価証券の売却損益

ハ　災害による損失

　なお，特別損益に属する項目であっても，金額の僅少なもの又は毎期経常的に発生するものは，経常損益計算に含めることができることとされています。

　また，会社計算規則88条（損益計算書等の区分）2項で，「特別利益に属する利益は，固定資産売却益，前期損益修正益，負ののれん発生益その他の項目の区分に従い，細分しなければならない。」とされており，3項で，「特別損失に属する損失は，固定資産売却損，減損損失，災害による損失，前期損益修正損その他の項目の区分に従い，細分しなければならない。」とされています。

　これらのことから，特別損益に計上されている固定資産売却益や有価証券の売却益が，法人税の課税所得金額から控除できる非経常的な利益の金額であることがわかります。

　評価通達183において，法人税の課税所得金額から控除して計算することができる非経常的な利益について上記企業会計原則，会計計算規則88条（損益計算書等の区分）を直接引用していないことから，法人税の課税所得金額から控除可能な非経常的な利益の金額については，非経常的な利益を控除することの趣旨を踏まえた上で控除の可否を検討する必要があります。

　なお，法人税の課税所得金額から非経常的な利益の金額を控除する場合の留意点が，国税庁のホームページに掲載されていることからここで紹介します。

① **固定資産の譲渡が数回ある場合**

　　固定資産の譲渡が期中に複数回あり，個々の譲渡に売却益と売却損がある場合には，個々の譲渡の損益を通算して利益の金額があればその金額を法人税の課税所得金額から控除することとされています。

② **種類の異なる非経常的な損益がある場合**

　　例えば，固定資産売却損と保険差益がある場合には，これらの種類の異なる損益を通算して利益の金額があればその金額を法人税の課税所得金額から控除することとされています。

③ **継続的に有価証券売却益がある場合**

　　例えば，課税時期の直前期以前の相当の期間にわたり継続して評価会社に

有価証券売却益があるときは，その利益が経常的な利益又は非経常的な利益のいずれに該当するかは，評価会社の事業内容，その利益の発生原因，その発生原因たる行為の反復継続性又は臨時偶発性等を考慮して，個別に判定することとされています。

A社の場合，直前期中に固定資産の譲渡が2回あることから，上記①により，売却益2,000万円と売却損5,000万円を通算したところ損失3,000万円となり利益が算出されないことから，法人税の課税所得金額から控除する非経常的な利益はありません。

(注) 谷口裕之編『財産評価基本通達逐条解説（平成25年版）』（大蔵財務協会）610頁

（山岡　美樹）

評基通184

事例11 直前期末後から課税時期までに株式割当てがあった場合

A社株式の贈与を検討しています。A社は1株につき9株を割り当てる無償割当てを行っており，直前期末においてA社の発行済株式数は1,000株であったのが，現時点においては10,000株になっています。A社は財産評価基本通達178の中会社に該当します。A社株式の類似業種比準価額と純資産価額の計算においてこの株式の増加による調整は必要があるのでしょうか。

- 資本金等の額　12,345千円
- 直前期末発行済株式数　1,000株
- 課税時期の発行済株式数　10,000株（無償割当後）
- 1株（50円）当たりの比準価額　122円20銭

解説

類似業種比準価額は，直前期末の発行済株式数を基に計算して，評価通達184(2)により類似業種比準価額の修正を行う必要があります。一方，純資産価額は，課税時期における発行済株式数を基に計算を行うことから修正の必要はありません。

1　類似業種比準価額の計算

類似業種比準価額は，類似業種の株価並びに1株当たりの配当金額，年利益金額及び純資産価額（帳簿価額によって計算した金額）を基として計算します。この場合に，評価会社の直前期末における資本金等の額を直前期末における発行済株式数（自己株式を有する場合には，当該自己株式の数を控除した株式数）で除した金額（「1株当たりの資本金等の額」といいます）が50円以外の金額であるときは，その計算した金額に，1株当たりの資本金等の額の50円

に対する倍数を乗じて計算を行います（評基通180）。

　また，類似業種比準価額の評価会社の「1株当たりの配当金額」，「1株当たりの利益金額」及び「1株当たりの純資産価額（帳簿価額によって計算した金額）」は，それぞれ次により計算することとなっています（評基通183）。

(1) 「1株当たりの配当金額」は，直前期末以前2年間におけるその会社の剰余金の配当金額の合計額の2分の1に相当する金額を，直前期末における発行済株式数（1株当たりの資本金等の額が50円以外の金額である場合には，直前期末における資本金等の額を50円で除して計算した数，次の(2)及び(3)において同じです）で除して計算します。

(2) 「1株当たりの利益金額」は，直前期末以前1年間における法人税の課税所得金額に，その所得の計算上益金に算入されなかった剰余金の配当及び損金に算入された繰越欠損金の控除額を加算した金額を，直前期末における発行済株式数で除して計算します。

　　納税義務者の選択により，直前期末以前2年間の各事業年度について，それぞれ法人税の課税所得金額を基とし上記に準じて計算した金額の合計額の2分の1に相当する金額を直前期末における発行済株式数で除して計算した金額とすることができます。

(3) 「1株当たりの純資産価額（帳簿価額によって計算した金額）」は，直前期末における資本金等の額及び法人税法第2条（(定義)）第18号に規定する利益積立金額に相当する金額（法人税申告書別表五(一)「利益積立金額及び資本金等の額の計算に関する明細書」の差引翌期首現在利益積立金額の差引合計額）の合計額を直前期末における発行済株式数で除して計算します。

　以上のことから，類似業比準価額を計算する場合は，課税時期現在の発行済株式数ではなく，直前期末の発行済株式数を基に計算を行います。そこで，課税時期現在の発行済株式数は直前期末の発行済株式数より増えていることからその増加に伴う修正が必要になります。

2 類似業種比準価額の修正

上記により類似業種比準価額を計算した場合において、評価会社の株式が直前期末の翌日から課税時期までの間に株式の割当て等の効力が発生した場合は、上記により計算した価額を次の算式により修正した金額が類似業種比準価額となります（評基通184(2)）。

【算式】

（評価通達180（類似業種比準価額）の定めにより計算した価額＋割当てを受けた株式1株につき払い込んだ金額×株式1株に対する割当株式数）÷（1＋株式1株に対する割当株式数又は交付株式数）

(1) A社株式の類似業種比準価額

A社株式の直前期末における資本金等の額が直前期末における発行済株式数で除した金額（「1株当たりの資本金等の額」）が50円以外の金額（12,345円：12,345千円÷1,000株）であることから、その計算した金額（122円20銭）に、1株当たりの資本金等の額の50円に対する倍数を乗じて計算します。

$$122円20銭 \times \frac{12,345円}{50円} = 30,171円$$

(2) A社株式の類似業種比準価額の修正

$(30,171円 + 0円 \times 9) \div (1 + 9) = 3,017円$

ここで仮に、直前期末発行済株式数を10,000株として計算した場合は次のとおりになります。

1株当たりの資本金等の額

　12,345千円÷10,000株＝1,234円

A社株式の類似業種比準価額

$$122円20銭 \times \frac{1,234円}{50円} = 3,015円$$

となり、上記計算結果と異なることから注意をする必要があります。

3 純資産価額

　1株当たりの純資産価額（相続税評価額によって計算した金額）は，課税時期における各資産を評価通達に定めるところにより評価した価額の合計額から課税時期における各負債の金額の合計額及び評価差額に対する法人税額等に相当する金額を控除した金額を課税時期における発行済株式数で除して計算します。

　ここで，1株当たりの純資産価額（相続税評価額によって計算した金額）の計算を行う場合の「発行済株式数」は，上記類似業種比準価額を計算する場合の直前期末ではなく，課税時期における発行済株式数である点に注意が必要です（評基通185(注)1）。

（山岡　美樹）

第4章

純資産価額方式

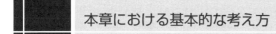
本章における基本的な考え方

　この第4章では，純資産価額方式の事例について取り上げています。この方式は，1株当たりの純資産価額（相続税評価額によって計算した金額）について，課税時期における各資産をこの通達に定めるところにより評価した価額の合計額から課税時期における各負債の金額の合計額及び評価差額に対する法人税額等に相当する金額により計算した評価差額に対する法人税額等に相当する金額を控除した金額を課税時期における発行済株式数で除して計算して求めます（評基通185）。

　純資産価額方式による計算方法の概略については「事例01　評価会社が小会社に該当する場合の株式の価額」を，純資産価額方式により計算を行う場合は原則として課税時期において仮決算を行う必要がありますが，仮決算を行わないで直前期末の決算をもとに計算を行うこともできる場合について「事例02　計算を直前期末決算によって行う場合の注意点」を，課税時期における各資産の範囲については，「事例12　帳簿上の資産の部に記載のないもの等の取扱い」を参照してください。

　また，課税時期における各資産をこの通達に定めるところにより評価した価額とあることから，例えば，評価会社がオーナー社長の所有する土地を貸借している場合の評価会社の借地権の評価が問題となる場合があります。この点を取り上げたのが「事例06「土地の無償返還に関する届出書」を提出している場合の評価会社の貸家建付借地権の取扱い」，「事例11　評価会社がオーナーから土地を賃借している場合」になります。また，評価会社が事業用定期借地権を設定している場合や設定させている場合もあります。この点を取り上げたのが「事例08　評価会社が定期借地権を所有している場合」，「事例09　評価会社が定期借地権の目的となっている貸宅地を所有している場合」になります。さらに，評価会社の所有する土地が広大地に該当する場合もあります。この点を取り上げたのが「事例07　評価会社が広大地を所有している場合」になります。

1　評価会社が課税時期前3年以内に取得等した土地等又は家屋等がある場合

　この場合，評価会社が課税時期前3年以内に取得又は新築した土地及び土地の上に存する権利（以下「土地等」という）並びに家屋及びその附属設備又は構築物（以下「家屋等」という）の価額は，課税時期における通常の取引価額に相当する金額によって評価するものとし，当該土地等又は当該家屋等に係る帳簿価額が課税時期における通常の取引価額に相当すると認められる場合には，当該帳簿価額に相当する金額によって評価することができるものとされています（評基通185）。

　上記のとおり，評価会社が課税時期前3年以内に取得又は新築した土地等，家屋等の価額は，課税時期における通常の取引価額に相当する金額によって評価します。この場合，取得又は新築とは，3年内の起算日などが問題となります。この点を取り上げたのが「事例04　評価会社の資産に3年以内取得不動産がある場合」になります。また，取得した物件を賃貸に供する場合もあります。この点を取り上げたのが「事例05　評価会社が3年以内に取得した不動産を賃貸した場合」になります。さらに，建物が建築中の場合に課税時期が到来する場合もあります。この点を取り上げたのが「事例10　評価会社が建築中の家屋を所有している場合」になります。

2　純資産価額計算上の負債

　純資産価額の計算を行う場合には，貸倒引当金，納税引当金その他の引当金及び準備金に相当する金額は負債に含まれませんが，次に掲げる金額は負債に含まれます（評基通186）。

(1)　課税時期の属する事業年度に係る法人税額，消費税額，事業税額，道府県民税額及び市町村民税額のうち，その事業年度開始の日から課税時期までの期間に対応する金額（課税時期において未払いのものに限られます）

(2)　課税時期以前に賦課期日のあった固定資産税の税額のうち，課税時期に

おいて未払いの金額
　(3)　被相続人の死亡により，相続人その他の者に支給することが確定した退職手当金，功労金その他これらに準ずる給与の金額

　会社は社長をはじめ会社の従業員を被保険者とする生命保険に加入している場合があります。この場合に，例えば会社の社長が死亡し，会社が死亡保険金を受け取るとともに，この死亡保険金を原資として退職金を支払った際の取扱いが問題となります。この点を取り上げたのが「事例03　死亡保険金を受け取った場合」になります。

　また，課税時期における負債の範囲については，「事例13　帳簿上の負債の部に記載のないもの等の取扱い」を参照してください。

3　評価差額に対する法人税額等に相当する金額

　評価差額に対する法人税額等に相当する金額は，次の(1)の金額から(2)の金額を控除した残額がある場合におけるその残額に37％を乗じて計算します（評基通186－2）。
　(1)　課税時期における各資産をこの通達に定めるところにより評価した価額の合計額（「課税時期における相続税評価額による総資産価額」といいます）から課税時期における各負債の金額の合計額を控除した金額
　(2)　課税時期における相続税評価額による総資産価額の計算の基とした各資産の帳簿価額の合計額から課税時期における各負債の金額の合計額を控除した金額

　各資産の中に，現物出資若しくは合併により著しく低い価額で受け入れた資産又は株式交換若しくは株式移転により著しく低い価額で受け入れた株式（これらの資産又は株式を「現物出資等受入れ資産」といいます）がある場合には，当該各資産の帳簿価額の合計額に，現物出資，合併，株式交換又は株式移転の時において当該現物出資等受入れ資産をこの通達に定めるところにより評価した価額から当該現物出資等受入れ資産の帳簿価額を控除した金額（「現物出資等受入れ差額」といいます）を加算した価額により計算をします。

このように現物出資等受入れ資産がある場合には，控除できる評価差額に対する法人税額等に相当する金額を調整する取扱いが設けられています。この取扱いを取り上げたのが「事例14　現物出資等受入れ資産がある場合」になります。

4　評価会社が有する株式等の純資産価額の計算

　評価会社の資産を評価する場合において，取引相場のない株式があるときの当該株式の1株当たりの純資産価額は，当該株式の発行会社の課税時期における各資産をこの通達に定めるところにより評価した金額の合計額から課税時期における各負債の金額の合計額を控除した金額を課税時期における当該株式の発行会社の発行済株式数で除して計算します。すなわち，この場合における1株当たりの純資産価額の計算に当たっては，評価差額に対する法人税額等に相当する金額の定めにより計算した評価差額に対する法人税額等に相当する金額を控除しないで計算を行います（評基通186－3）。

　このように評価会社の資産を評価する場合において，取引相場のない株式があるときの当該株式の純資産価額は評価差額に対する法人税額等に相当する金額を控除しないで計算を行う取扱いが設けられています。この取扱いを取り上げたのが「事例15　評価会社が非上場会社株式を保有している場合」になります。

評基通179, 185

事例01 評価会社が小会社に該当する場合の株式の価額

　私が経営しているA社の会社規模は，財産評価基本通達では小会社に該当します。この通達によれば，小会社の評価方法は，原則，純資産価額方式で評価を行い，類似業種比準価額と純資産価額との併用による方式も選択できると聞いています。純資産価額方式には，簿価純資産方式，時価純資産方式などがありますが，評価通達における純資産価額方式とはどのような計算方法なのでしょうか。

解説

　1株当たりの純資産価額（相続税評価額によって計算した金額）は次の算式により求めます。

$$1株当たりの純資産価額 = \frac{A - B - (C \times 37\%)}{課税時期における発行済株式数}$$

A：課税時期における各資産を評価通達により評価した価額の合計額
B：課税時期における各負債の金額の合計額
C：評価差額＝(A－B)－(D－E)
D：課税時期におけるAの計算の基とした各資産の帳簿価額の合計額
E：課税時期における各負債の金額の合計額
　※　37％は，法人税（地方法人税を含みます），事業税（地方法人特別税を含みます），道府県民税及び市町村民税の税率の合計に相当する割合です。

　小規模な会社は，その事業規模や経営の実態等からみて個人事業者に類似し，その会社の経営者はその所有する株式を通じて会社財産を支配しており，個人事業者が自らその財産を所有しているのと実質的には変わらないと考えられることから，評価会社の財産を個々に評価した価額から負債と評価益に対する法

人税等相当額を控除する純資産価額方式により評価することとされています。

1　純資産価額方式

　1株当たりの純資産価額（相続税評価額によって計算した金額）は，課税時期における各資産を評価通達に定めるところにより評価した価額の合計額から課税時期における各負債の金額の合計額及び評価差額に対する法人税額等に相当する金額を控除した金額を課税時期における発行済株式数で除して計算します。

　各資産を評価通達により評価することから，たとえば，土地については路線価方式あるいは倍率方式により，建物については固定資産税評価額を基にして評価することになります。ただし，会社が課税時期前3年以内に取得又は新築した土地等，建物等の価額は課税時期現在における通常の取引価額に相当する金額により評価する必要があります（評基通185）。

　また，評価会社が有する取引相場のない株式を純資産価額方式で行う場合は，評価差額に対する法人税額等に相当する金額は控除しないところで計算を行います（評基通186－3）。

　議決権割合が50％以下の同族株主グループに属する株主が取得した株式をこの純資産価額により評価する場合には，支配力の較差を考慮して，上記により計算した1株当たりの純資産価額に100分の80を乗じて計算します。この減額は，評価通達179（（取引相場のない株式の評価の原則））の(2)の算式（類似業種比準価額＋1株当たりの純資産価額）の純資産価額部分及び(3)の1株当たりの純資産価額について行うことができます（評基通185ただし書き）。

2　純資産価額計算上の負債

　小規模な会社は，個人事業者が自らその財産を所有しているのと実質的には変わらないと考えられることから，控除すべき負債についても個人と同様に確実と認められるものに限られます。したがって，貸倒引当金，退職給与引当金，納税引当金その他の引当金及び準備金に相当する金額は負債に含まれず，次に

掲げる金額は負債に含まれることになります（評基通186）。

　イ　課税時期の属する事業年度に係る法人税額，消費税額，事業税額，道府県民税額及び市町村民税額のうち，その事業年度開始の日から課税時期までの期間に対応する金額（課税時期において未払いのものに限られます）

　ロ　課税時期以前に賦課期日のあった固定資産税の税額のうち，課税時期において未払いの金額

　ハ　被相続人の死亡により，相続人その他の者に支給することが確定した退職手当金，功労金その他これらに準ずる給与の金額

3　評価差額に対する法人税額等に相当する金額

　評価差額に対する法人税額等に相当する金額は，次のイの金額からロの金額を控除した残額がある場合におけるその残額に37％（法人税（地方法人税を含みます），事業税（地方法人特別税を含みます），道府県民税及び市町村民税の税率の合計に相当する割合）を乗じて計算した金額です（評基通186－2）。

　イ　課税時期における各資産を評価通達により評価した価額の合計額から課税時期における各負債の金額の合計額を控除した金額

　ロ　上記イの計算の基とした各資産の帳簿価額の合計額から課税時期における各負債の金額の合計額を控除した金額

　この場合の帳簿価額は，財産性のあるものについては評価額が0円であっても帳簿価額を計上し（例：借家権），財産性のない資産は帳簿価額に計上しません。また，たとえば減価償却資産の帳簿価額は減価償却累計額控除後の金額になりますが，償却超過額がある場合はその償却超過額を加算するなどした税務上の帳簿価額となります。

　さらに，資産のなかに現物出資，合併，株式交換，株式移転により著しく低い価額で受け入れた資産や株式があるときは，原則として，その現物出資時のその資産の評価通達による価額と受入れ価額との差額に対する法人税額等に相当する金額は，純資産価額の計算上控除することができません。

4　仮決算について

　原則，1株当たりの純資産価額の計算は，課税時期現在で仮決算を行った上で課税時期現在における各資産及び各負債の金額によりますが，直前期末から課税時期までの間に資産及び負債について著しく増減がないため評価額の計算に影響が少ないと認められる場合は，課税時期現在で仮決算を行わないところで直前期末の資産及び負債の帳簿価額を基にして，課税時期に適用される評価通達（たとえば，課税時期の路線価額）を適用して計算を行うことができます（「相続税及び贈与税における取引相場のない株式等の評価明細書の様式及び記載方法等について」通達）。

（山岡　美樹）

評基通185, 186

事例02 計算を直前期末によって行う場合の注意点

　1株当たりの純資産価額の計算は，原則，課税時期現在における資産・負債の金額を基に行うことから，課税時期において仮決算を行う必要があります。1株当たりの純資産価額の計算を行う際には，必ず課税時期で仮決算を行わなければならないのでしょうか。評価対象会社の決算期間は1月～12月であり，課税時期はX年1月31日です。

解説

　評価会社の財産について著しい増減がない場合には，取引相場のない株式の評価明細書（以下「評価明細書」といいます）の第5表「1株当たりの純資産価額（相続税評価額）の計算明細書」の「相続税評価額」欄については，直前期末（X－1年12月31日）の資産及び負債の課税時期（X年1月31日）の相続税評価額により，「帳簿価額」欄については，直前期末（X－1年12月31日）の資産及び負債の帳簿価額により計算を行うことができます（「相続税及び贈与税における取引相場のない株式等の評価明細書の様式及び記載方法等について」（以下「評価個別通達」といいます））。

1 概　　要

　財産評価基本通達185（純資産価額），186（純資産価額計算上の負債）によれば，課税時期現在における各資産及び各負債の金額によることとなります。
　しかし，上記評価個別通達により，評価会社が課税時期において仮決算を行っていないために，課税時期における資産・負債の金額が明確でない場合で，直前期末から課税時期までの間の資産や負債について著しく増減がない場合には，課税時期の各資産や各負債の金額は，直前期末の資産及び負債を基として

計算を行っても差支えないこととされています。

　これは，評価会社の評価額の計算に影響が少なく課税上の弊害がないと認められること，また，課税時期において仮決算をすることは困難な場合が多い点を考慮しているものと考えられます。

　なお，この評価方法を採った場合でも，評価の対象は，あくまで，課税時期における資産及び負債であると考えられますので，直前期末の資産及び負債に限定されるものではない点に注意する必要があります。

2　評価上の主な注意点

(1)　株式保有特定会社・土地保有特定会社の判定

　株式保有特定会社の判定における株式保有割合，土地保有特定会社の判定における土地保有割合の計算は，課税時期の資産を基に行います（評基通189(2)(3)）。

　しかし，仮決算を行わず直前期末の資産・負債により評価を行う場合は，評価明細書第2表「特定の評価会社の判定の明細書」の判定における株式保有割合・土地保有割合については，直前期末（X－1年12月31日）の資産を基に行います（「評価個別通達」）。

(2)　上　場　株　式

　金融商品取引所の公表する課税時期の最終価格によって評価し，その最終価格が課税時期の属する月以前3カ月間の最終価格の月平均額のうち最も低い価額を超える場合には，その最も低い価額によって評価することから（評価通達169），①X年1月31日の最終価格，②X年1月の月平均額，③X－1年12月の月平均額，④X－1年11月の月平均額のうち最も低い金額となります。

(3)　土地・建物

①　原　　　則

　土地，建物の「相続税評価額」欄は，課税時期（X年1月31日）の相続税評価額になりますので，土地については，X年分の財産評価基準書（路線価図・評価倍率表）により評価します。なお，土地・建物の評価で使用する固定

資産税評価額はX年分の評価額を確認します。

② 3年以内に取得した土地等及び建物等

　評価会社が課税時期前3年以内に取得又は新築した「土地等」（土地・借地権）並びに「家屋等」（家屋・その附属設備・構築物）の価額は，課税時期における通常の取引価額に相当する金額によって評価を行う必要があります。この場合の3年以内の判定は，直前期末ではなく課税時期（X年1月31日）を基に行います。

(4) 生命保険金

　会社は，被相続人の死亡保険金を課税時期の後に受け取りますが，1株当たりの純資産価額の計算上は，生命保険金請求権として資産（「相続税評価額」「帳簿価額」）に計上します。

【保険差益に対する法人税額等相当額】

　仮決算しない場合は，事業年度の開始の日から課税時期までの期間に対応する法人税額等は負債とすることができませんが，この保険金差益によって課税所得金額が算出される場合はその課税所得金額の37％相当額を負債とすることができます。生命保険金を原資として被相続人の死亡退職金が支払われた場合は次のように計算します。

　　（受取保険金－保険積立金額－支払退職手当金）×37％
　　　＝法人税額等相当額

なお，評価会社が欠損法人であるときは，保険差益の額から欠損金の額を控除して法人税額等相当額を計算します。

(5) 外貨預金

　外貨建てによる財産や国外にある財産の邦貨換算（外国為替レート）は，評価会社の取引金融機関が公表する課税時期（X年1月31日）における最終の為替相場（いわゆる対顧客直物電信買相場（TTB））によります（評基通4－3）。

　ただし，評価会社が先物外国為替契約（為替予約）を行いその財産の為替相場が確定している場合には，この先物外国為替契約により確定している為替相

場によります。

(6) 負債として控除できる公租公課

　仮決算しない場合は，事業年度の開始の日から課税時期までの期間に対応する法人税額等は負債とすることができません（保険差益に対応する部分については，上記(4)参照）が，帳簿に負債として記載がない場合でも，次の金額は負債として取り扱われます。

　① 未納公租公課
　② 直前期末日以前に賦課期日のあった固定資産税及び都市計画税の税額のうち，未払いとなっている金額

(7) 未払配当

　課税時期までの間に確定した配当金については，負債に含めて評価を行います。

(8) 退職手当金

　被相続人の死亡により，支給することが確定した退職手当金，功労金等は，負債に含めることができます。

(山岡　美樹)

評基通186、186-2

事例03　死亡保険金を受け取った場合

　A社の社長甲が亡くなり、A社の相続税評価を算出します。甲を被保険者とする生命保険契約にA社が加入しており、A社は1億円の死亡保険金を受け取りました。そして、A社はこの保険金を原資に、7,000万円の退職金及び1,000万円の弔慰金を甲の配偶者に対して支払うことを決定しています。なお、A社の貸借対照表において、この甲の保険契約に係る積立金として2,000万円の資産が計上されています。また、甲の普通給与の月額は200万円で、業務外の死亡です。

　この場合の非上場株式評価における純資産価額の計算はどのようにすればいいでしょうか。教えてください。

解説

　純資産価額方式の計算上、受け取った保険金の額を生命保険金請求権として資産に計上します。なお、資産に計上されている保険金の積立金相当額は、資産から除外します。また、支払った死亡退職金の額及び保険差益に対する法人税額等を負債に計上します。

❶　死亡保険金の資産計上

　評価会社が被相続人を被保険者とする保険に加入しており、死亡保険金を受け取った場合には、死亡によりその請求権が具体的に確定しますから、「生命保険金請求権（未収保険金）」として、その金額を、「資産の部」の「相続税評価額」欄及び「帳簿価額」欄のいずれにも記載します（平成2年12月27日付直評23外「相続税及び贈与税における取引相場のない株式等の評価明細書の様式及び記載方法等について」通達（以下、「記載方法通達」といいます）第

5表2(4)(注)2)。

　この場合，資産に計上されている当該保険の積立金部分は上記生命保険金請求権に置き換わりますから，「資産の部」の「相続税評価額」欄及び「帳簿価額」欄のいずれにも記載しません。

2　仮決算をしていない場合の資産，負債

　評価会社が課税時期における仮決算を行っていない場合でも，直前期末から課税時期までの間に資産及び負債について著しく増減がないため評価額の計算に影響が少ないと認められるときは，課税時期における各資産及び各負債の金額は，次により計算しても差し支えないこととされています（記載方法通達第5表2(4)）。

　　イ　「相続税評価額」欄については，直前期末の資産及び負債の課税時期の相続税評価額
　　ロ　「帳簿価額」欄については，直前期末の資産及び負債の帳簿価額

3　死亡退職金，弔慰金の負債計上

　上記2のように仮決算を行っていない場合であっても，被相続人の死亡により，相続人その他の者に支給することが確定した退職手当金，功労金その他これらに準ずる給与の金額は，負債として計上することができます（記載方法通達第5表2(4)(注)1）。

　これは，退職手当金等が相続税法3条の規定により「みなし相続財産」として相続税の課税対象となっているので，二重課税を排除するための取扱いとされています。弔慰金の名目であっても，その実質が退職手当金等として相続税の課税対象となるもの(注)についても負債として取り扱われることになります。

　　（注）　業務外の死亡の場合には，普通給与の6カ月分を超える金額（業務上の死亡の場合，普通給与の36カ月分を超える金額）が課税対象となります（相基通3-19,20）。

　したがって，弔慰金として，相続税の課税対象とならない部分は，負債には

計上しません。御質問のケースでは，普通給与が200万円で，弔慰金が1,000万円ですから，この弔慰金は相続税の課税対象とはなりませんので，負債には計上できません。

4 保険差益に対する法人税等の負債計上

上記2のように，評価会社が仮決算を行っていないため，課税時期の直前期末における資産及び負債を基として，1株当たりの純資産価額（相続税評価額によって計算した金額）を計算する場合における保険差益に対応する法人税等は，この保険差益によって課税所得金額を算出して，その金額の37％（平成28年4月1日以後の相続，贈与）相当額によって差し支えありません。

なお，評価会社に法人税法上の欠損金がある場合には，その金額を控除した残額に37％を乗じることになります。したがって，保険差益から欠損金を控除してマイナスになる場合には，37％相当額は負債には計上できません。

5 具体的記載例

1株当たりの純資産価額（相続税評価額）の計算明細書　　　（千円）

資産の部			負債の部		
科目	相続税評価額	帳簿価額	科目	相続税評価額	帳簿価額
保険金請求権	100,000	100,000	未払退職金	70,000	70,000
保険積立金	0	(注1) 0	保険差益に対する法人税等	(注2) 3,700	3,700

（注1）　保険積立金は，直前期末の帳簿上の金額があってもゼロとなります。
（注2）　保険差益に対する法人税等の額は，次のように計算します。
　　　　　　（保険金請求権）　（役員保険積立金）　（死亡退職金）　　　（保険差益に対する法人税等）
　　　（100,000千円－20,000千円－70,000千円）×37％＝　3,700千円

（松岡　章夫）

評基通185

事例04　評価会社の資産に３年以内取得不動産がある場合

非上場会社の相続税評価を算出していますが，会社の資産の中に相続開始前３年以内に取得をした土地，建物がありますが，どのような評価になりますか。教えてください。

解説

純資産価額方式の計算上，相続開始３年以内に取得をした不動産は，路線価等にはよらず，通常取引価額により評価します。

1　純資産価額方式における３年以内取得不動産とは

純資産価額方式において，「１株当たりの純資産価額（相続税評価額によって計算した金額）」は，課税時期における各資産を財産評価基本通達に定めるところにより評価した価額の合計額から課税時期における各負債の金額の合計額及び評価通達186－２により計算した評価差額に対する法人税額等に相当する金額を控除した金額を課税時期における発行済株式数で除して計算した金額となります。この場合，評価会社が課税時期前３年以内に取得又は新築した土地及び土地の上に存する権利（以下「土地等」という）並びに家屋及びその附属設備又は構築物（以下「家屋等」という）の価額は，課税時期における通常の取引価額に相当する金額によって評価されます。また，当該土地等又は当該家屋等に係る帳簿価額が課税時期における通常の取引価額に相当すると認められる場合には，当該帳簿価額に相当する金額によって評価することができます（評基通185）。

2　取得又は新築とは

「通常の取引価額」で評価する土地等又は建物等の取得又は新築とは、購入だけに限らず、次のような事業用資産の買換え、交換や現物出資など圧縮記帳等の特例の対象となったものも含まれます。

(1) 土地等又は建物等を、相続開始前3年以内に通常の売買や新築により取得した場合及びこれらに改良又は改造を加えた場合

　なお、相続開始前3年より以前から有していた土地等又は建物等を改良又は改造した場合は含まれません。

(2) 租税特別措置法64条1項に規定する収用等に伴う代替資産の特例を適用して取得したもの

(3) 租税特別措置法65条の7第1項又は65条の9に規定する特定の事業用資産の買換え又は交換の特例を適用して取得等をしたもの

(4) 租税特別措置法65条の10又は65条の11に規定する交換等により取得したもの

(5) 法人税法50条の交換の特例の適用を受けて交換取得したもの

3　3年以内の起算日

上記 1 のとおり純資産価額を求める場合には、仮決算を行って課税時期現在の資産及び負債の金額を対象として計算するのが原則です。ただし、直前期末から課税時期現在までの間に資産及び負債の金額について著しく増減がないと認められる場合には、直前期末の資産及び負債の金額を対象として計算しても差し支えないものとして取り扱われています。

しかし、この方法は直前期末を課税時期とみなしているものではありません。したがって、評価会社の有する土地等及び建物等が3年以内に取得したものかどうかの判定は、直前期末の資産及び負債を基に純資産価額を計算する場合であっても、相続税の課税時期が3年の起算日となります。

4 土地保有特定会社とは

　課税時期における評価会社の総資産に占める土地等の保有割合が次の基準に該当する会社を「土地保有特定会社」とし，その株式の評価は，原則として，その資産価値をより良く反映し得る純資産価額方式により評価することとされています。「土地等の保有割合」は，評価会社の有する各資産の価額（相続税評価額により計算）の合計額のうちに占める土地等の価額（相続税評価額により計算）の割合をいいます（評基通189(3)，189－4）。当然ながら，相続開始前3年以内に取得した土地等があるときは，この計算式において通常取引価額により評価した金額になります。

会社の規模	大会社	中会社	小会社
土地等の保有割合	70％以上	90％以上	（注）参照

（注）　総資産価額基準が大会社に該当するものは70％以上，同基準が中会社に該当するものは90％以上で土地保有特定会社に該当し，同基準がいずれにも該当しないものは土地保有特定会社に該当しません。

5 相続開始前3年以内に被相続人が取得した不動産

　昭和63年12月に制定された旧租税特別措置法69条の4においては，被相続人が相続開始前3年以内に取得した土地等・建物等について，相続税の課税価格に算入すべき価額を課税時期の時価にかかわらず，その取得価額によるものとするとされていました。そのためバブル崩壊後の大幅な地価下落の状況下においては，この「取得価額」が相続開始時の時価を大幅に上回ることにより，ときに土地等の時価をも超える相続税が課税されるという不合理が生じたため，この規定は平成8年1月に廃止されています。

　一方，財産評価基本通達185の3年以内取得不動産を「通常の取引価額」で評価する通達改正は，平成2年8月改正で設けられたものであり，旧租税特別措置法69条の4が廃止された現在においても残っています。これは，「通常の取引価額」で評価をするものであり，取得価額とは異なる概念であるためと思

われます。

(松岡　章夫)

評基通185

事例05 評価会社が3年以内に取得した不動産を賃貸した場合

　非上場会社の資産の中に相続開始前3年以内に取得をした土地，建物があります。取得時は空家でしたが，その後この建物を賃貸しています。この会社の評価に当たり，純資産価額方式の計算上，相続税評価額をどのように計算すればよいのでしょうか。

解説

　純資産価額方式の計算上，相続開始3年以内に取得をした不動産は，通常取引価額により評価しますが，取得後に賃貸した場合には，通常取引価額を基礎として財産評価基本通達による貸家建付地及び貸家の評価方法に準じて減額して差し支えありません。

１　純資産価額方式における3年以内取得不動産の評価方法

　純資産価額方式における「1株当たりの純資産価額（相続税評価額によって計算した金額）」の「相続税評価額」は，評価通達に定めるところにより評価した価額となりますが，評価会社が課税時期前3年以内に取得又は新築した土地及び土地の上に存する権利（以下「土地等」といいます）並びに家屋及びその附属設備又は構築物（以下「家屋等」といいます）の価額については，課税時期における通常の取引価額に相当する金額によって評価します（評基通185）。

　この取扱いは，評価会社が所有する土地等の「時価」を算定する場合に，個人が所有する土地等の評価を念頭においた路線価等によって評価替えすることが唯一の方法であるとは限らないものと考えられ，適正な株式評価の見地からは，むしろ通常の取引価額によって評価すべきものと考えられること，また，

課税時期の直前に取得等を行い,「時価」が明らかになっている土地等や家屋等についてもわざわざ路線価等によって評価替えを行うことは,「時価」の算定上適切でないと考えられること等によるものです。

2 通常の取引価額

上記**1**の「通常の取引価額」は,土地等又は家屋等に係る帳簿価額が課税時期における通常の取引価額に相当すると認められる場合には,帳簿価額に相当する金額によって評価することができます(評基通185)。

これは,土地等は,その取得時の価額と課税時期における価額にあまり差がないことが多く,また,家屋等は,その取得時から課税時期までの経過に伴って取得時の価額から減少することになりますが,この減少後の価額,すなわち未償却残高となると思われることから,通常の取引価額は帳簿価額とあまり変わらないことになります。

一方,取得から課税時期までの間に,著しい地価変動があった場合や,家屋が半壊したなどの特殊事情があれば,通常の取引価額と帳簿価額は乖離します。

したがって,上記のような特殊事情がなければ,「帳簿価額が課税時期における通常の取引価額に相当すると認められる場合」に該当するものと考えられます。

3 路線価等による場合における貸家の敷地等の評価

路線価等によって貸家の敷地を評価する場合には,貸家の敷地については借家人が借地権等の権利を有しているわけではありませんが,借家利用の範囲内でその敷地に対しても事実上の支配権を有していると認められており,逆にその範囲において敷地の所有者は利用について受忍義務を負うことになっています。そのため,実際に敷地の所有者が,借家人の有する支配権を消滅させるためには,いわゆる立退料の支払いを要する場合もあり,また,その支配権が付着したままの状態でその土地を譲渡するとした場合にはその支配権が付着していないとした場合における価額より低い価額でしか譲渡できないと認められま

す。

　そこで，貸家の敷地の価額は，その宅地の自用地としての価額から，その価額にその宅地に係る借地権割合とその貸家に係る借家権割合を乗じて計算した価額を控除した価額によって評価することになっており（評基通26），貸家についても同様に借家権割合を控除して評価することになっています（評基通93）。

4　取得後賃貸した場合

　相続開始前3年以内に取得した建物をその後に賃貸した場合には，上記2の「特殊事情」がないとしても，その敷地も含め，取得時の利用区分と課税時期の利用区分が異なることとなりますので，「帳簿価額が課税時期における通常の取引価額に相当すると認められる場合」には該当せず，帳簿価額に相当する金額によって通常の取引価額を算定することはできません。

　しかしながら，路線価等によって評価する場合には，上記3のとおり，その敷地の経済的価値が貸家の敷地となっていない宅地に比べ低くなっていることを考慮し，自用地又は自用家屋としての価額よりも一定の割合によって低く評価することとされており，このことは，通常の取引価額によって評価する場合にも変わらないものと考えられます。

　そこで，貸家の敷地及びその貸家の通常の取引価額を算定する場合には，まず，その貸家の敷地及び貸家が自用地及び自用家屋であるとした場合の通常の取引価額（「土地等又は家屋等に係る帳簿価額が課税時期における通常の取引価額に相当すると認められる場合」には帳簿価額）を求め，次にその価額を評価通達26及び評価通達93の定めに準じて減額して差支えないと考えます。

5　貸家を取得し，その後空家になった場合

　設例とは逆に，借家人が入居中の貸家とその敷地を取得し，その後空家になった場合には，上記4と同様に，その敷地も含め，取得時の利用区分と課税時期の利用区分が異なることとなりますので，「帳簿価額が課税時期における

通常の取引価額に相当すると認められる場合」には該当せず，帳簿価額に相当する金額によって通常の取引価額を算定することはできないものと考えられます。

　この場合，その取得価額は，上記**4**の「その支配権が付着していないとした場合における価額より低い価額」に基づくものと考えられますので，上記**4**とは逆に，課税時期における通常の取引価額は，その取得価額より高いと考えられます。

　したがって，上記**4**を考慮すれば，土地及び建物の帳簿価額に，評価通達26及び評価通達93の定めによる割合で割戻計算を行って通常の取引価額を算定することになると考えられます。

（松岡　章夫）

評基通185

事例06 「土地の無償返還に関する届出書」を提出している場合の評価会社の貸家建付借地権の取扱い

　非上場会社A社は，被相続人甲が100％の株式の保有していた同族会社です。A社は，甲の所有する土地を有償で借地し，その土地上に建物を所有しています。この建物は第三者に賃貸をしており，その借地権の設定に当たり，「土地の無償返還に関する届出書」を提出しています。甲が保有していたA社の株式の相続税における評価を行うに当たり，純資産価額方式における借地権はどのように評価をするのでしょうか。教えてください。

解説

　A社の株式の相続税における評価上，純資産価額方式における借地権は，自用地価額の20％から借家権の敷地利用権相当額30％を控除した自用地価額の14％を資産の部に計上することになると考えられます。

1　相当地代通達の定め

　相当の地代を支払っている場合等の借地権等についての相続税及び贈与税の取扱いについて（昭60．6．5直評9他，最終改正平17．5．31課資2－4他，以下「相当地代通達」といいます）によりますと，借地権が設定されている土地について，「土地の無償返還に関する届出書」が提出されている場合の当該土地に係る借地権は，零として扱われます（相当地代通達5）。また，この場合の当該土地に係る貸宅地の価額は，当該土地の自用地としての価額の100分

の80に相当する金額によって評価することになっています（相当地代通達8）。

　これらの取扱いは，借地権の価額を零としているのに対し，貸宅地の価額を80％としているので，矛盾しているとも考えられます。しかし，借地権の設定に際しその設定の対価として通常の権利金その他の一時金を支払うなどの借地権の取引慣行があると認められる地域以外の地域にある借地権の価額は評価しない（評基通27ただし書き）にもかかわらず，その借地権の取引慣行がない土地に係る貸宅地の評価においても20％の控除が認められている（評基通25(1)）こととのバランスを取っているものと考えられます。

　「土地の無償返還に関する届出書」が提出されている場合の当該土地に係る貸宅地の価額が，当該土地の自用地としての価額の100分の80に相当する金額によって評価することになる取扱いは，当該土地の契約が使用貸借の場合には適用されず，自用地としての価額になります（相当地代通達8（注））。

　なお，被相続人が同族関係者になっている同族会社に対して土地を貸し付けている場合には，当該土地の自用地としての価額の20％である借地権の価額を，被相続人の所有する株式の評価上，純資産価額に算入することとされています（相当地代通達8，「相当の地代を収受している貸宅地の評価について」（昭43.10.28直資3-22））。

2　貸家建付借地権の場合

　上記相当地代通達の取扱いは，自用地価額の20％を純資産価額に算入することを定めていますが，当該借地権が貸家の敷地の場合について言及がありません。

　本件質問のように，第三者に貸し付けられている貸家の敷地である借地権は，借家人の敷地利用権が生じており，自用の場合の借地権とは価値が異なるものと考えられますから，貸家建付借地権の場合には，自用の借地権の価額から借家権の敷地利用権相当額30％を控除した自用地価額の14％を資産の部に計上すればいいと考えられます。

　具体的には，A社の株式の相続税における評価上，純資産価額方式における

借地権は、以下のような算式になります。

$$\text{自用地価額} \times \underset{\text{借地権割合}}{20\%} \times (1 - \underset{\text{借家権割合}}{30\%}) = \text{自用地価額} \times 14\%$$

3 土地の所有者が被相続人以外の場合

たとえば、本件質問の事例の前提で土地の所有者が被相続人の配偶者である場合にはどのように考えるべきかを検討しておきます。

土地の自用地としての価額の20％である借地権の価額を、被相続人の所有する株式の評価上、純資産価額に算入することとされているのは、あくまでも被相続人が同族会社に対して土地を貸し付けている場合に限られる（相当地代通達8なお書き）ため、土地の所有者が被相続人でない場合には、自用地価額の20％（又は14％）を資産の部に計上する必要はないことになります。

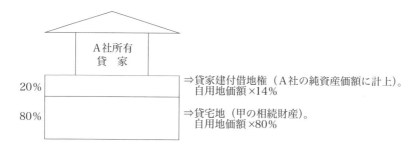

（松岡　章夫）

評基通185

事例07 評価会社が広大地を所有している場合

　A社は，飲食店（ファミリーレストラン）を経営する会社です。このA社株式は，財産評価基本通達178で定める中会社に該当します。A社の資産には，戸建住宅が連たんする住宅街にファミリーレストランの敷地として利用している土地があります。この土地は評価通達24－4の広大地に該当すると言われました。A社株式の評価を行うためには純資産価額を求めなければなりません。A社の所有する土地がこの広大地に該当する場合，取引相場のない株式の評価を行うときにもこの広大地評価を行うことができるのでしょうか。

解説

　取引相場のない株式の評価を行う場合でも，会社資産の内に評価通達に定める広大地に該当する土地があるときには評価通達24－4の広大地評価を行うことができます。

1　純資産価額

　1株当たりの純資産価額（相続税評価額によって計算した金額）は，課税時期における各資産をこの通達に定めるところにより評価した価額（この場合，評価会社が課税時期前3年以内に取得した土地及び土地の上に存する権利である土地等の価額は，課税時期における通常の取引価額に相当する金額によって評価しますが，この土地等に係る帳簿価額が課税時期における通常の取引価額に相当する場合には，この帳簿価額に相当する金額によって評価することができます）の合計額から課税時期における各負債の金額の合計額及び評価差額に対する法人税額等に相当する金額により計算した評価差額に対する法人税額等に相当する金額を控除した金額を課税時期における発行済株式数で除して計算

第4章　純資産価額方式　167

した金額で計算することとなります。

　したがって，課税時期における会社の各資産は評価通達に定めるところにより評価することとなり，個人が所有している土地ばかりではなく，会社が所有している土地についても評価通達24－4の広大地に該当する場合にはこの通達により評価できます。

❷　広大地評価（評基通24－4）

(1)　広大地とは

　広大地とは，その地域における標準的な宅地の地積に比して著しく地積が広大な宅地で都市計画法4条（定義）12項に規定する開発行為を行うとした場合に公共公益的施設用地の負担が必要と認められるもの（評価通達22－2（大規模工場用地）に定める大規模工場用地に該当するもの及び中高層の集合住宅等の敷地用地に適しているもの（その宅地について，経済的に最も合理的であると認められる開発行為が中高層の集合住宅等を建築することを目的とするものであると認められるものをいいます）を除きます）をいいます。

　ここで，「公共公益的施設用地」とは，都市計画法4条（定義）14項に規定する道路，公園等の公共施設の用に供される土地及び都市計画法施行令27条に掲げる教育施設，医療施設等の公益的施設の用に供される土地（その他これらに準ずる施設で，開発行為の許可を受けるために必要とされる施設の用に供される土地を含みます）をいいます。

(2)　評価方法

　広大地の価額は，原則として，次に掲げる区分に従い，それぞれ次により計算した金額によります。

　ただし，これによって評価する広大地は，5,000平方メートル以下の地積のものとなりますので，広大地補正率は0.35が下限となります。

　イ　その広大地が路線価地域に所在する場合

　　その広大地の面する路線の路線価に，評価通達15（奥行価格補正）から20－5（容積率の異なる2以上の地域にわたる宅地の評価）までの定めに

代わるものとして次の算式により求めた広大地補正率を乗じて計算した価額にその広大地の地積を乗じて計算した金額によります。

その路線が2以上ある場合には，その広大地の面する路線の路線価は，原則として，その広大地が面する路線の路線価のうち最も高いものになります。

$$広大地補正率 = 0.6 - 0.05 \times \frac{広大地の地積}{1,000 ㎡}$$

【計算例】

正面路線価：200千円　面積：1,200㎡

$$広大地補正率 = 0.6 - 0.05 \times \frac{1,200 ㎡}{1,000 ㎡} = 0.54$$

評価額　200千円×0.54×1,200㎡＝129,600千円

ロ　その広大地が倍率地域に所在する場合

その広大地が標準的な間口距離及び奥行距離を有する宅地であるとした場合の1平方メートル当たりの価額を評価通達14（路線価）に定める路線価として，上記(1)に準じて計算した金額によります。

3　留　意　点

評価に当たり主に留意する点は次のとおりです。

(1)　**課税時期前3年以内に取得した土地等**

課税時期前3年以内に取得した土地等は，課税時期における通常の取引価額に相当する金額によって評価しなければなりません。

(2)　**不動産のうち棚卸資産に該当するもの**

土地のうち棚卸資産に該当するものの価額は，評価通達132，133の棚卸商品等の定めに準じて評価します。

(3)　**広大地に該当しない例**

次のような土地については広大地評価を行うことができません。

イ　既に開発を了しているマンション・ビル等の敷地

ロ　現にたとえば大規模店舗，ファミリーレストラン等の敷地として有効利

用されている宅地

　ご質問のように，戸建住宅が連たんする住宅街にファミリーレストランの敷地として利用している土地の地積が，その地域の標準的な戸建住宅としての宅地の地積に比して著しく広大である場合には，広大地の評価における他の要件を満たせば，広大地に該当することになりますが，都市の郊外の幹線道路（国道，都道府県道等）沿いにおいて，店舗，営業所等が連たんしているような地域いわゆる郊外路線商業地域に存する，その地域の標準的な宅地の地積と同規模のファミリーレストラン等の敷地については，著しく広大とはいえないため広大地に該当しないことになります。

ハ　原則として容積率300％以上の地域に所在する土地

ニ　公共公益的施設用地の負担がほとんど生じないと認められる土地

【参考】

1　広大地の評価の見直しについて

　国税庁は，平成29年6月22日付けで「「財産評価基本通達」の一部改正について（法令解釈通達）」の改正案を公示して意見公募を行いました。そしてこの改正案の一つが，現在の評価通達24-4（広大地の評価）を廃止して新たに評価通達20-2（地積規模の大きな宅地の評価）を新設する見直しで，平成30年1月1日以後に相続，遺贈又は贈与により取得した財産の評価に適用することが検討されています。今後の通達の改正にご注意ください。

　なお，会社資産の内に地積規模の大きな宅地に該当する宅地がある場合には，新設される地積規模の大きな宅地の評価を適用することができます。

2　改正案の具体的内容は次のとおりです。

改 正 後	改 正 前
(地積規模の大きな宅地の評価) 20－2　地積規模の大きな宅地（三大都市圏においては500㎡以上の地積の宅地，それ以外の地域においては1,000㎡以上の地積の宅地をいい，次の(1)から(3)までのいずれかに該当するものを除く。以下本項において「地積規模の大きな宅地」という。）で14－2（(地区)）の定めにより普通商業・併用住宅地区及び普通住宅地区として定められた地域に所在するものの価額は，15（(奥行価格補正)）から前項までの定めにより計算した価額に，その宅地の地積の規模に応じ，次の算式により求めた規模格差補正率を乗じて計算した価額によって評価する。 (1)　市街化調整区域（都市計画法第34条第10号又は第11号の規定に基づき宅地分譲に係る同法第4条（(定義)）第12項に規定する開発行為を行うことができる区域を除く。）に所在する宅地 (2)　都市計画法第8条（(地域地区)）第1項第1号に規定する工業専用地域に所在する宅地 (3)　容積率（建築基準法（昭和25年法律第201号）第52条（(容積率)）第1項に規定する建築物の延べ面積の敷地面積に対する割合をいう。）が10分の40（東京都の特別区（地方自治法（昭和22年法律第67号）第281条（(特別区)）第1項に規定する特別区をいう。）においては10分の30）以上の地域に所在する宅地 (算式) 　規模格差補正率 ＝ $\dfrac{Ⓐ×Ⓑ+Ⓒ}{地積規模の大きな宅地の地積（Ⓐ）}$	(新設)

×0.8

上の算式中の「Ⓑ」及び「Ⓒ」は，地積規模の大きな宅地が所在する地域に応じ，それぞれ次に掲げる表のとおりとする。

イ 三大都市圏に所在する宅地

地積㎡ \ 地区区分 記号	普通商業・併用住宅地区，普通住宅地区	
	Ⓑ	Ⓒ
500以上 1,000未満	0.95	25
1,000 〃 3,000 〃	0.90	75
3,000 〃 5,000 〃	0.85	225
5,000 〃	0.80	475

ロ 三大都市圏以外の地域に所在する宅地

地積㎡ \ 地区区分 記号	普通商業・併用住宅地区，普通住宅地区	
	Ⓑ	Ⓒ
1,000以上 3,000未満	0.90	100
3,000 〃 5,000 〃	0.85	250
5,000 〃	0.80	500

(注) 1 上記算式により計算した規模格差補正率は，小数点以下第2位未満を切り捨てる。
　　 2 「三大都市圏」とは，次の地域をいう。
　　　 イ 首都圏整備法（昭和31年法律第83号）第2条（(定義)）第3項に規定する既成市街地又は同条第4項に規定する近郊整備地帯
　　　 ロ 近畿圏整備法（昭和38年法

律第129号）第2条（（定義））第3項に規定する既成都市区域又は同条第4項に規定する近郊整備区域 ハ　中部圏開発整備法（昭和41年法律第102号）第2条（（定義））第3項に規定する都市整備区域	

24－4　（削除）	（広大地の評価） 24－4　その地域における標準的な宅地の地積に比して著しく地積が広大な宅地で都市計画法第4条（（定義））第12項に規定する開発行為（以下本項において「開発行為」という。）を行うとした場合に公共公益的施設用地の負担が必要と認められるもの（22－2（（大規模工場用地））に定める大規模工場用地に該当するもの及び中高層の集合住宅等の敷地用地に適しているもの（その宅地について，経済的に最も合理的であると認められる開発行為が中高層の集合住宅等を建築することを目的とするものであると認められるものをいう。）を除く。以下「広大地」という。）の価額は，原則として，次に掲げる区分に従い，それぞれ次により計算した金額によって評価する。 (1)　その広大地が路線価地域に所在する場合　その広大地の面する路線の路線価に，15（（奥行価格補正））から20－5（（容積率の異なる2以上の地域にわたる宅地の評価））までの定めに代わるものとして次の算式により求めた広大地補正率を乗じて計算した価額にその広大地の地積を乗じて計算した金額

$$\text{広大地補正率} = 0.6 - 0.05 \times \frac{\text{広大地の地積}}{1,000\text{㎡}}$$

(2) その広大地が倍率地域に所在する場合

その広大地が標準的な間口距離及び奥行距離を有する宅地であるとした場合の1平方メートル当たりの価額を14((路線価))に定める路線価として、上記(1)に準じて計算した金額

(注) 1 本項本文に定める「公共公益的施設用地」とは、都市計画法第4条((定義))第14項に規定する道路、公園等の公共施設の用に供される土地及び都市計画法施行令(昭和44年政令第158号)第27条に掲げる教育施設、医療施設等の公益的施設の用に供される土地(その他これらに準ずる施設で、開発行為の許可を受けるために必要とされる施設の用に供される土地を含む。)をいうものとする。

2 本項(1)の「その広大地の面する路線の路線価」は、その路線が2以上ある場合には、原則として、その広大地が面する路線の路線価のうち最も高いものとする。

3 本項によって評価する広大地は、5,000㎡以下の地積のものとする。したがって、広大地補正率は0.35が下限となることに留意する。

4 本項(1)又は(2)により計算した価額が、その広大地を11((評価の方式))から21-2((倍率方式による評価))まで及び24-6((セットバックを必要とす

	る宅地の評価））の定めにより評価した価額を上回る場合には，その広大地の価額は11から21－2まで及び24－6の定めによって評価することに留意する。

（山岡　美樹）

評基通185

事例08 評価会社が定期借地権を所有している場合

　A社は，財産評価基本通達の区分で中会社に該当しスーパーマーケットを経営しています。事業用地は自己所有の他，事業用定期借地権設定契約により土地を借りて事業を行っている場所もあります。この契約の内容等は次のとおりです。契約によれば，A社は権利金を支払うのではなく保証金を支払う契約で会社の帳簿には保証金は計上されていますが当該定期借地権は計上されていません。取引相場のない株式の純資産価額の計算を行う際にこの事業用定期借地権を考慮する必要があるのでしょうか。

【事業用定期借地権設定契約の内容等】
- 契約期間年数：20年　課税時期の残存期間年数：15年
- 保証金：1億円（無利息）
- 賃料年間：4,800万円
- 定期借地権設定時の土地の価額：10億円（通常取引価額）
- 課税時期の土地の価額：9億円（相続税評価額）
- 課税時期の基準年利率：長期（0.5％）
- 年数20年（15年）の基準年利率0.5％の複利年金現価率：18.987（14.417）
- 年数20年（15年）の基準年利率0.5％の複利現価率：0.905（0.928）

解説

　会社の帳簿価額に事業用定期借地権の記載がない場合でも，事業用定期借地権の価額を評価する必要があります。

1 事業用定期借地権について

　評価対象となる資産について，帳簿価額がないものであっても評価通達により相続税評価額が算出される場合には，その評価額を取引相場のない株式（出資）の評価明細書（以下「株式等評価明細書」といいます）第5表の相続税評価額欄に記載し，帳簿価額欄には0円として株式の評価を行います。

　したがって，一般定期借地権，事業用定期借地権等などの定期借地権も評価通達により相続税評価額が算出される場合には，株式等評価明細書第5表に記載する必要があります。

2 定期借地権等の評価（評基通27-2）

　定期借地権等の価額は，原則として，課税時期において借地権者に帰属する経済的利益及びその存続期間を基として評定した価額によって評価します。

　ただし，課税上弊害がない限り，その定期借地権等の目的となっている宅地の課税時期における自用地としての価額に，次の算式により計算した数値を乗じて計算した金額によって評価することができます。

$$\frac{\text{定期借地権等の設定の時における借地権者に帰属する経済的利益の総額}}{\text{定期借地権等の設定の時におけるその宅地の通常の取引価額}} \times \frac{\text{課税時期におけるその定期借地権等の残存期間年数に応ずる基準年利率による複利年金現価率}}{\text{定期借地権等の設定期間年数に応ずる基準年利率による複利年金現価率}}$$

　上記算式中，「定期借地権等の設定の時における借地権者に帰属する経済的利益の総額」は次により求めます。

3 経済的利益の総額の計算（評基通27-3）

　上記算式中の「定期借地権等の設定の時における借地権者に帰属する経済的利益の総額」は，次に掲げる金額の合計額になります。

(1) 定期借地権等の設定に際し，借地権者から借地権設定者に対し，権利金，協力金，礼金などその名称のいかんを問わず借地契約の終了の時に返還を要しないものとされる金銭の支払い又は財産の供与がある場合

　課税時期において支払われるべき金額又は供与すべき財産の価額に相当する金額

(2) 定期借地権等の設定に際し，借地権者から借地権設定者に対し，保証金，敷金などその名称のいかんを問わず借地契約の終了の時に返還を要するものとされる金銭等（以下「保証金等」といいます）の預託があった場合において，その保証金等につき基準年利率未満の約定利率による利息の支払いがあるとき又は無利息のとき

　次の算式により計算した金額

$$\text{保証金等の額に相当する金額}(A) - \left[(A) \times \text{設定期間年数に応じる基準年利率による複利現価率}\right] - \left[(A) \times \text{基準年利率未満の約定利率} \times \text{設定期間年数に応じる基準年利率による複利年金現価率}\right]$$

(3) 定期借地権等の設定に際し，実質的に贈与を受けたと認められる差額地代の額がある場合

　次の算式により計算した金額

　　差額地代の額×設定期間年数に応じる基準年利率による複利年金現価率

なお，計算に当たっては次の点に注意する必要があります。

イ　実質的に贈与を受けたと認められる差額地代の額がある場合に該当するかどうかは，個々の取引において取引の事情，取引当事者間の関係等を総合勘案して判定します。

ロ　「差額地代の額」とは，同種同等の他の定期借地権等における地代の額とその定期借地権等の設定契約において定められた地代の額（上記(1)又は(2)に掲げる金額がある場合には，その金額に定期借地権等の設定期間年数に応ずる基準年利率による年賦償還率を乗じて得た額を地代の前払いに相当する金額として毎年の地代の額に加算した後の額）との差額をいいます。

4 定期借地権の価額

ご質問の場合の事業用定期借地権の価額は次のとおりです。

(1) 経済的利益の金額

上記**3**(1)権利金の授受，(3)実質的に贈与を受けたと認められる差額地代の額はないことから，経済的利益の金額を上記**3**(2)により求めます。

1億円 − (1億円×0.905) − 0円 = 950万円

(2) 定期借地権の価額

$$9億円 \times \frac{950万円}{10億円} \times \frac{14.417}{18.987} = 6,492,091円$$

なお，設定期間年数，残存期間年数については，1年未満の端数6カ月以上切り上げ6カ月未満切り捨てです。

5 保証金の金額

A社は保証金を資産として有しており，この場合の保証金の金額は次の算式で計算を行います。

$$\begin{bmatrix} 保証金等の額に相 \\ 当する金額(A) \end{bmatrix} \times \begin{bmatrix} 課税時期の残存期間年数に応じ \\ る基準年利率による複利現価率 \end{bmatrix}$$

$$+ \begin{bmatrix} (A) \times \begin{matrix} 基準年利率未満 \\ の約定利率 \end{matrix} \times \begin{matrix} 課税時期の残存期間年数に応じる \\ 基準年利率による複利年金現価率 \end{matrix} \end{bmatrix}$$

1億円×0.928 + 0円 = 9,280万円

(山岡　美樹)

評基通185

事例09 評価会社が定期借地権の目的となっている宅地を所有している場合

　A社は，財産評価基本通達の区分で中会社に該当し部品製造を行っています。郊外に工場を建設する予定で取得した土地がありますが，現状未使用のままです。B社からスーパーマーケット経営のため当該土地を借りたいとの申し出があり，A社はこの申し出に対応したいと考えており事業用定期借地権設定契約を考えています。この契約の内容等は下記のとおりです。当該土地の路線価によれば借地権割合は60％となっております。取引相場のない株式の純資産価額の計算を行う際に，当該宅地の評価は借地権割合60％を控除できるのでしょうか。

【事業用定期借地権設定契約の内容等】
- 契約期間年数：20年
- 敷金：1億円（無利息，契約終了時返還）
- 賃料年間：4,800万円
- 定期借地権設定時の土地の価額：10億円（通常取引額）
- 課税時期の土地の価額：8億円（相続税評価額）
- 課税時期の基準年利率：長期（0.5％）
- 年数20年の基準年利率0.5％の複利年金現価率：18.987
- 年数20年の基準年利率0.5％の複利現価率：0.905

※ 評価は契約時点で残存期間20年とします。

解説

　定期借地権の目的となっている宅地の評価は，その宅地の自用地としての価額から定期借地権の価額を控除して行うことから，路線価に表示された借地権割合を控除して評価することはできません。

1 定期借地権の目的となっている宅地の評価（評基通25⑵）

原則として，その宅地の自用地としての価額から，下記2の定期借地権等の評価により評価したその定期借地権等の価額を控除した金額によって評価します。

自用地としての価額－定期借地権等の価額

ただし，定期借地権等の価額が，その宅地の自用地としての価額に次に掲げる定期借地権等の残存期間に応じる割合を乗じて計算した金額を下回る場合には，その宅地の自用地としての価額からその価額に次に掲げる割合を乗じて計算した金額を控除した金額によって評価します。

　イ　残存期間が5年以下　　　　　100分の5
　ロ　残存期間が5年超10年以下　　100分の10
　ハ　残存期間が10年超15年以下　　100分の15
　ニ　残存期間が15年超　　　　　　100分の20

2 定期借地権等の評価（評基通27－2）

定期借地権等の価額は，原則として，課税時期において借地権者に帰属する経済的利益及びその存続期間を基として評定した価額によって評価します。

ただし，課税上弊害がない限り，その定期借地権等の目的となっている宅地の課税時期における自用地としての価額に，次の算式により計算した数値を乗じて計算した金額によって評価することができます。

$$\frac{\text{定期借地権等の設定の時における借地権者に帰属する経済的利益の総額}}{\text{定期借地権等の設定の時におけるその宅地の通常の取引価額}} \times \frac{\text{課税時期におけるその定期借地権等の残存期間年数に応ずる基準年利率による複利年金現価率}}{\text{定期借地権等の設定期間年数に応ずる基準年利率による複利年金現価率}}$$

上記算式中，「定期借地権等の設定の時における借地権者に帰属する経済的利益の総額」は次により求めます。

3 経済的利益の総額の計算（評基通27－3）

　上記算式中の「定期借地権等の設定の時における借地権者に帰属する経済的利益の総額」は，次に掲げる金額の合計額になります。

(1) 定期借地権等の設定に際し，借地権者から借地権設定者に対し，権利金，協力金，礼金などその名称のいかんを問わず借地契約の終了の時に返還を要しないものとされる金銭の支払い又は財産の供与がある場合

課税時期において支払われるべき金額又は供与すべき財産の価額に相当する金額

(2) 定期借地権等の設定に際し，借地権者から借地権設定者に対し，保証金，敷金などその名称のいかんを問わず借地契約の終了の時に返還を要するものとされる金銭等（以下「保証金等」といいます）の預託があった場合において，その保証金等につき基準年利率未満の約定利率による利息の支払いがあるとき又は無利息のとき

次の算式により計算した金額

保証金等の額に相当する金額(A) － [(A) × 設定期間年数に応じる基準年利率による複利現価率]
　　　　　　　　　　　　　　－ [(A) × 基準年率未満の約定利率 × 設定期間年数に応じる基準年利率による複利年金現価率]

(3) 定期借地権等の設定に際し，実質的に贈与を受けたと認められる差額地代の額がある場合

次の算式により計算した金額

差額地代の額 × 設定期間年数に応じる基準年利率による複利年金現価率

4 定期借地権の目的となっている宅地（貸宅地）の価額

　ご質問の場合の貸宅地の価額は次のとおりです。

(1) 経済的利益の金額

　上記経済的利益の金額を上記 3 (2)により求めます。

1億円 − (1億円 × 0.905) − 0円 = 950万円

(2) 定期借地権の価額

$$8億円 \times \frac{950万円}{10億円} \times \frac{18.987}{18.987} = 760万円$$

(3) 貸宅地の価額

　定期借地権等の価額が，その宅地の自用地としての価額に上記**1**イ～ニに掲げる定期借地権等の残存期間に応じる割合を乗じて計算した金額を下回る場合には，その宅地の自用地としての価額からその価額に上記**1**イ～ニに掲げる割合を乗じて計算した金額を控除した金額によって評価することができます。定期借地権の価額（760万円）が，自用地としての金額に残存期間15年超の割合20％を乗じた金額（8億×20％＝1.6億円）を下回るので次のとおりになります。

　8億円 − 8億×20％ = 6億4千万円

5 保証金の金額

　A社は保証金を負債として有しており，この場合の保証金の金額は次の算式で計算を行います。

$$\left[\begin{array}{c}\text{保証金等の額に相}\\\text{当する金額(A)}\end{array} \times \begin{array}{c}\text{課税時期の残存期間年数に応じ}\\\text{る基準年利率による複利現価率}\end{array}\right]$$

$$+ \left[(A) \times \begin{array}{c}\text{基準年利率未満}\\\text{の約定利率}\end{array} \times \begin{array}{c}\text{課税時期の残存期間年数に応じる}\\\text{基準年利率による複利年金現価率}\end{array}\right]$$

　1億円×0.905＋0円＝9,050万円

（山岡　美樹）

評基通185

事例10 評価会社が建築中の家屋を所有している場合

　A社の株式の相続税評価額を算出するに際し，同社は課税時期において家屋を建築中でした。家屋が完成していれば，3年以内の取得なのでその取得価額になるようですが，完成前はどのように評価したらよいのでしょうか。

　総 建 築 費：1億円
　建設仮勘定：6,000万円
　工事進捗率：50%

解説

建築中の家屋の費用現価の70%相当額となります。

　家　　屋：1億円×50%×70% = 3,500万円
　前 払 金：6,000万円 − 1億円×50% = 1,000万円

科　　　目	相続税評価額	帳簿価額
建 設 仮 勘 定	0 千円	60,000 千円
建 築 中 家 屋	35,000	0
前　　払　　金	10,000	0

1 純資産価額方式

　取引相場のない株式の評価に際し，純資産価額方式では，課税時期において評価会社が所有する各資産は，財産評価基本通達に定める評価方法により評価した価額によって算定します（評基通185）。
　ただし，評価会社が課税時期前3年以内に取得又は新築した土地及び土地の上に存する権利（以下「土地等」といいます）並びに家屋及びその附属設備又は構築物（以下「家屋等」といいます）の価額については，課税時期における

通常の取引価額に相当する金額によって評価します（評基通185）。

2　建築中の家屋の評価

　課税時期において評価会社が建築中の家屋を有している場合，その建築中の家屋は，評基通によって評価することになり，その評価額は，費用現価の70％に相当する金額となります（評基通91）。

　この70％相当額によって評価することとしているのは，建築中の家屋が未完成品であるという点に着目し，評価上の安全性の配慮を図ったものだからです。

　ところで，費用現価とは，課税時期までに投下された建築費用の額，すなわちその家屋の総工事代金×進捗率となります。

　また，費用現価は，実際に支払った金額（建設仮勘定）とは異なりますので，最終残金を支払って家屋が完成すれば一致しますが，着工から完成までの間は必ずしも一致しません。

　したがって，建築中の家屋の評価は，単純に建設仮勘定の70％相当額とはなりませんので注意してください。

　なお，費用現価と建設仮勘定の差額は，前払金又は未払金で調整します。

　さらに，課税時期において仮決算を行っておらず，直前期末の帳簿価額を基に算定している場合には，課税時期までの代金の支払等の調整が必要な点があると思われますので，注意してください。

3　建物完成後の家屋の評価

　建物が完成し，建設業者から引渡しを受けると，帳簿上の勘定科目が建設仮勘定から建物になり，その家屋の評価額は，建設仮勘定の70％相当額から，固定資産税評価額を基に算定する（評基通89）ことになるはずですが，上記1のとおり，評価会社が課税時期前3年以内に新築した家屋等の価額については，課税時期における通常の取引価額に相当する金額によって評価することになっています。

ところで,「通常の取引価額」を算定するのは困難であることから,評価通達185で,「土地等又は家屋等に係る帳簿価額が課税時期における通常の取引価額に相当すると認められる場合には,帳簿価額に相当する金額によって評価することができる。」とされています。

　家屋等の取引価額は,通常,その取得価額を超えることはなく,その取得時から時の経過に伴って,取得価額から徐々に減少し,やがて0円に近づくと考えられます。

　一方,会計学上では,その建築費用を利用期間に対応して費用配分するために,減価償却を行いますが,この際の未償却残高は今後の経費算入限度額を表示したものです。

　しかし,この未償却残高は,上記の「取得価額から徐々に減少し,やがて0円に近づく」取引価額と大差はないと考えられます。

　したがって,家屋が半壊したなどの特殊事情がなければ,「帳簿価額が課税時期における通常の取引価額に相当すると認められる場合」に該当するものとしても差し支えなく,実務上も,ほとんど帳簿価額によって通常の取引価額を算定しています。

4　家屋の評価額の推移

　ここで,評価会社が工事代金1億円の自社ビル(耐用年数50年)を新築した場合を考えてみたいと思います。請負契約締結前から家屋の完成後までをみてみましょう(説明の便宜上,その他の資産負債はないものとします)。

区　分	現　金	建設仮勘定	費用現価	同左評価額	他科目	同左評価額	評価額計
契　約　前	1億円						1億円
契約直後	9,000万円	1,000万円	0		前払金	1,000万円	1億円
10％完成	9,000万円	1,000万円	1,000万円	700万円			9,700万円
50％完成	5,000万円	5,000万円	5,000万円	3,500万円			8,500万円
100％完成		1億円	1億円	7,000万円			7,000万円
建物引渡					建　物	1億円	1億円
完成後1年					建　物	9,800万円	9,800万円

完成後2年					建　物	9,600万円	9,600万円
完成後3年					建　物	(固定資産税評価額)	

　「評価額計」に注目してください。契約前の1億円は，工事が進むに従って，徐々に7,000万円に近づくものの，完成直後にはまた1億円（上記❸の帳簿価額による評価額）になってその後減少していきます。

　完成後に評価額が減少するのはわかりますが，建築中に評価額が逓減してまた元に戻るのであれば，評価額計は1億円のまま変わらない方が合理的なような気がします。

　しかし，契約前は自由に使用できた現金は，建物建築中に建築費に変化していきますが，その建築中の建物は使用することができず，完成によって初めて使用することができます。

　この点についてみれば，建物建築中はその建物の使用ができないことから，この期間だけ財産価値が減少しても妥当といえるのではないでしょうか。

❺　附属設備

　家屋には，電気設備，ガス設備，衛生設備，給排水設備などが，家屋と構造上一体となってその家屋に取り付けられていますが，法人の帳簿上，建物と建物附属設備のように，別々に計上している例が多く見受けられます。

　これは，附属設備の耐用年数が建物本体より短いため，別々に計上することによって減価償却費がより早く計上できるからであって，実態は一つの家屋であることにかわりありません。

　そこで，家屋の所有者が有する電気設備，ガス設備，衛生設備，給排水設備等で，その家屋に取り付けられ，その家屋と構造上一体となっているものについては，その家屋の価額に含めて評価することとされています（評基通92）。

（松岡　章夫）

評基通185

事例11　評価会社がオーナーから土地を賃借している場合

　私はA社のオーナーであり，A社に本社ビルの敷地として私が所有する土地を貸し付けています。この土地の賃貸借に当たっては，権利金の授受を行わずに相当の地代で貸付けを行いました。現在では，相当の地代に満たない賃料になっています。当初権利金の授受を行っておらず，また，相当の地代により賃貸借を始めたことからA社の帳簿には借地権は計上されておりません。仮に，相続が開始した際，A社株式を純資産価額で計算する場合に，この借地権を評価して算入する必要があるのでしょうか。

- ・　土地の課税年分の評価額　　　　　1億円
- ・　土地の課税年分の前年の評価額　　9,000万円
- ・　土地の課税年分の前々年の評価額　8,000万円
- ・　借地権割合　　　　　　　　　　　70%
- ・　実際に支払っている地代の年額　　480万円
- ・　「土地の無償返還に関する届出書」　提出なし

解説

　A社株式を純資産価額で計算する場合には，借地権を評価して算入する必要があります。

1　帳簿価額のない借地権

　評価の対象となる資産について，ご質問のような帳簿価額がない借地権であっても財産評価基本通達等により相続税評価額が算出される場合には，純資産価額を計算する上でその評価額を資産の相続税評価額の合計額に含め（取引相場のない株式等の評価明細書第5表の「相続税評価額」欄に記載します），

資産の帳簿価額の合計額には0として（同明細書第5表の「帳簿価額」欄には「0」と記載します）計算を行います。

2 相当地代通達

　借地権の設定された土地について，権利金の支払に代え相当の地代を支払うなどの特殊な場合の相続税及び贈与税の取扱いを定めた，「相当の地代を支払っている場合等の借地権等についての相続税及び贈与税の取扱いについて」（「相当地代通達」といいます）があります。この相当地代通達は，相当の地代を支払っている場合等の借地権等についての個人に係る相続税及び贈与税の取扱いを定めたものです。ご質問の場合，まず相当地代通達7（相当の地代に満たない地代を収受している場合の貸宅地の評価）を参照する必要があります（下線は筆者によるものです）。

> （相当地代通達7）
> 　借地権が設定されている土地について，収受している地代の額が相当の地代の額に満たない場合の当該土地に係る貸宅地の価額は，当該土地の自用地としての価額から4（(相当の地代に満たない地代を支払っている場合の借地権の評価)）に定める借地権の価額を控除した金額（以下この項において「地代調整貸宅地価額」という。）によって評価する。
> 　ただし，その金額が当該土地の自用地としての価額の100分の80に相当する金額を超える場合は，当該土地の自用地としての価額の100分の80に相当する金額によって評価する。
> 　なお，被相続人が同族関係者となっている同族会社に対し土地を貸し付けている場合には，43年直資3－22通達の適用があることに留意する。この場合において，同通達中「相当の地代」とあるのは「相当の地代に満たない地代」と，「自用地としての価額」とあるのは「地代調整貸宅地価額」と，「その価額の20％に相当する金額」とあるのは「その地代調整貸宅地価額と当該土地の自用地としての価額の100分の80に相当する金額との差額」と，それぞれ読み替えるものとする。

ここで，相当地代通達4の借地権の価額は次の算式で求めます。

自用地としての価額 × { 借地権割合

$\times \left[1 - \dfrac{実際に支払っている地代の年額 - 通常の地代の年額}{相当の地代の年額 - 通常の地代の年額} \right]$ }

この算式により借地権の価額を求めると次のとおりとなります。

$1億円 \times \left\{ 0.7 \times \left[1 - \dfrac{480万円 - 162万円}{540万円 - 162万円} \right] \right\} = 11,111,111円$

(注) 相当の地代の年額
540万円 = ((1億円 + 9,000万円 + 8,000万円) ÷ 3) × 6％
通常の地代の年額
162万円 = ((3,000万円 + 2,700万円 + 2,400万円) ÷ 3) × 6％
※ 3,000万円，2,700万円，2,400万円は各年の底地価額（自用地価額×30％）

ここで，地代調整貸宅地価額は，88,888,889円（1億円－11,111,111円）となることから，上記通達の「ただし書」により個人が所有する宅地の評価額は，8,000万円（88,888,889円＞1億円×80％）となります。

ところで，土地の所有者である個人はA社の同族関係者であることから，上記通達の「なお書」により43年直資3－22通達の適用があることとなります。

3 「昭和43年10月28日付直資第3－22ほか2課共同」通達

「相当の地代を収受している貸宅地の評価について」

標題のことについて，課税時期における被相続人所有の貸宅地は，自用地としての価額から，その価額の20％に相当する金額（借地権の価額）を控除した金額により，評価することとされたい。

なお，上記の借地権の価額は，昭和39年4月25日付直資56相続税財産評価に関する基本通達32の(1)の定めにかかわらず，被相続人所有のI株式会社の株式評価上，同社の純資産価額に算入することとされたい。

(理　由)

　地代率との相関関係から借地権の有無につき規定している法人税法施行令第137条の趣旨からすれば，本件の場合土地の評価に当たり借地権を無視する考え方もあるが，借地借家法の制約賃貸借契約にもとづく利用の制約等を勘案すれば，現在借地慣行のない地区についても20％の借地権を認容していることとの権衡上，本件における土地の評価についても借地権割合を20％とすることが適当である。

　なお，本件における借地権の価額を被相続人が所有するⅠ株式会社の株式評価上，同社の純資産価額に算入するのは，被相続人が同社の同族関係者である本件の場合においては，土地の評価額が個人と法人を通じて100％顕現することが，課税の公平上適当と考えられるからである。

　この通達の適用に当たっては，前記通達により「『相当の地代』とあるのは『相当の地代に満たない地代』と，『自用地としての価額』とあるのは『地代調整貸宅地価額』と，『その価額の20％に相当する金額』とあるのは『その地代調整貸宅地価額と当該土地の自用地としての価額の100分の80に相当する金額との差額』と，それぞれ読み替える」こととされています。したがって，地代調整貸宅地価額（88,888,889円）と自用地としての価額の100分の80に相当する金額（1億円×80％＝8,000万円）との差額（8,888,889円）は借地権の価額と扱われますので，この価額と前記算式で求めた借地権の価額（11,111,111円）がA社株式を純資産価額で計算する場合に算入する借地権の評価額となり，その額は2,000万円（11,111,111円＋8,888,889円）となります。

（山岡　美樹）

評基通185

事例12 帳簿上の資産の部に記載のないもの等の取扱い

　純資産価額の算定において，会社の帳簿に記載されていなくても計上しなければいけないものにはどんなものがありますか。また，会社の帳簿に記載されていても計上しなくていいものにはどんなものがありますか（資産の部）。

解説

　会社の帳簿に記載されていなくても計上するものとして，借地権などがあります。また，会社の帳簿に記載されていても計上しなくていいものとして，前払費用などがあります。

1　純資産価額

　取引相場のない株式の評価においては，原則的評価方式であっても大会社の場合（類似業種比準価額のみで算定する場合）と配当還元方式のみで算定する場合を除き，1株当たりの純資産価額を算定することが必要となります（評基通179）。

　この1株当たりの純資産価額は，会社が所有する資産及び負債を課税時期現在で時価評価（相続税評価額）し，その際いわゆる含み益等に対する法人税等が発生する場合にはこれに相当する金額を控除した金額を発行済株式数で除して計算することとなります（評基通185）。

　つまり，課税時期（相続開始日や受贈日）にその会社を清算したとしたら，1株当たりいくらの配当になるのか計算をするということです。

　この金額は，会社の帳簿に記載された資産及び負債を基に計算することになりますが，上記の含み益等が清算されるだけでなく，帳簿に記載がない借地権が清算（現金化）されたり，帳簿に記載されている前払費用などは清算（現金

化）されないなど，帳簿上の資産及び負債と異なる場合があります。

そこで，これらの調整を行う必要があり，具体的には次のとおりです。

なお，純資産価額の算定においては，課税時期における資産及び負債の金額を基に算定することが原則ですが，課税時期において仮決算を行っていないため，直前期末の資産及び負債の金額を基に算定している例が多いので，本問はその例によります。

2　資産の部

(1)　帳簿に記載がなくても計上するもの
　① 　借　地　権

　　　土地を新たに賃借する場合には，通常権利金などを支払うことがあり，この権利金相当額が借地権として帳簿に計上されますが，相当古くから借地している場合には，権利金の支払いがないことが多く，借地権を有するにもかかわらず帳簿に借地権の記載がないことがあります。

　　　しかし，この借地権に係る土地を売却する際，借地権売却の対価又は立退料を受領するなど，この借地権に資産性があることは明らかですから，資産の部に計上することになります。

　　　また，被相続人が同族関係者となっている会社が，被相続人から土地を賃借する際に権利金の支払いに代えて相当の地代を支払っている場合又は無償返還の届出書を提出している場合（使用貸借の場合を除きます）においても，権利金の支払いがないことから帳簿に借地権の記載がありませんが，被相続人が有する土地の評価の際一定割合を減額することとの課税の公平上，資産の部に計上することになります。

　② 　生命保険金請求権

　　　会社が被相続人を被保険者として生命保険契約を行ってその掛金を支払い，保険金受取人を会社としていた場合には，会社が受け取ることとなる保険金は，課税時期において請求権が具体的に確定することとなります。

したがって，直前期末の帳簿に記載されていませんが，課税時期において生命保険金請求権として資産性があることは明らかですから，資産の部に計上することになります。

なお，支払済の保険料が保険積立金等として帳簿に記載されていたときは，これを除外します。

③ 営業権

営業権とは，「企業が持つ好評，愛顧，信認，顧客関係その他の諸要因によって期待される将来の超過収益力を資本化した価値」であると考えられ，他の有形資産と同様に企業が所有し支配している無形の価値であり，現実においても売買譲渡等の対象とされることもあり，会計学上も計上が認められています。

したがって，営業権に資産性があることは明らかですから，資産の部に計上することになりますが，平均利益金額が総資産価額の5％以上で，かつ，5千万円超であること（評基通165，166）等から，その相続税評価額が計上されることは稀です。

なお，特許権，意匠権，商標権，出版権，漁業権等が帳簿に記載され，その会社が自ら特許発明を実施している等のときは，これらを除外します（評基通145，154，164）。

④ 配当期待権等

配当金は，会社法の施行に伴い，直前期末の利益処分によるものではなくなりましたが，多くの場合，事業年度末から概ね2カ月又は3カ月後の配当金交付に関する株主総会の決議によって，事業年度末日を基準日として株主に対する配当金の交付が確定し，その後株主は配当金を受領します。

この配当金については，その株主に係る課税時期が，株主総会の決議から配当金を受領するまでの間は未収金となり，配当金の受領以後は現金等となります。

しかし，課税時期が事業年度末から株主総会の決議までの間は，配当金交付が確定しているとはいえませんが，基準日が課税時期より前であるこ

とから，最終的に配当金を受領することができ，この権利を配当期待権といいます（評基通168）。

このことは，株主が法人であっても同様ですから，評価すべき会社が株式を保有している場合で，配当金交付の基準日の翌日から配当金交付の効力が発生する日までの間に課税時期がある場合には，配当期待権として資産性があることは明らかですから，資産の部に計上することになります。

なお，評価通達168に定める株主の割当てを受ける権利，株主となる権利及び株式無償交付期待権も同様です。

(2) 帳簿に記載があっても計上しないもの

次に掲げるものは，資産性がなく評価の対象とならないものですから，評価明細書第5表の記載に当たっては，資産の部，「相続評価額」「帳簿価額」欄ともに記載しません。

① 前払費用

未経過分の保険料などを支払った場合には，前払費用として帳簿に記載されますが，これは，会計学上期間損益を正しく反映させるため又は税法上の取扱いにより，直前期末において一時的に資産に計上したものであって，いずれ消滅するものであり，課税時期までにその期間が経過していることも少なくありません。

したがって，課税時期において解約したとした場合に返還される金額があるときにはその前払費用は財産的価値があり，資産性があると考えられますが，そうでないものについては，資産性がないことは明らかですから，資産の部に計上しません。

② 建物附属設備

建物附属設備とは，建物に附属し建物と一体となってその機能を発揮している電気設備，給排水設備，昇降設備などのことで，一般的には建物の建築の際にその本体価額に含まれていますが，それぞれの設備の耐用年数が建物本体と異なることから，減価償却の都合上，建物本体と区分して帳簿に記載されていることが多くあります。

ところで，建物の相続税評価額は，原則として固定資産税評価額を基に評価しますが，この固定資産税評価額は，建物全体に対する価額であって，電気設備などの建物附属設備分も含まれています。

　したがって，建物附属設備は，資産の部に計上しません。この場合，建物の帳簿価額は，建物と建物附属設備の合計額とします。

③　創立費等の繰延資産

　繰延資産とは，将来の期間に影響する特定の費用として，すでに代価の支払が完了し又は支払義務が確定し，これに対応する役務の提供を受けたにもかかわらず，その効果が将来にわたって発現するものと期待される費用のことをいい，①会社の営業開始までに要した費用，②新技術や新資源の開発に要した費用及び③会社設立後の新株発行や社債発行に要した費用などがあります。

　これらも，前払費用と同様に，直前期末以前において会計学上等により一時的に資産に計上したものであり，資産性がないことは明らかですから，資産の部に計上しません。

④　繰延税金資産

　税効果会計の適用により資産に計上される繰延税金資産は，将来の法人税等の支払いを減額する効果を有し，法人税等の前払額に相当することから，会計学上資産としての性格を有するものと考えられています。

　しかし，この繰延税金資産は，還付請求できる性格のものではなく，会計学上等により資産に計上したものであり，資産性がないことは明らかですから，資産の部に計上しません。

（松岡　章夫）

評基通186

事例13　帳簿上の負債の部に記載のないもの等の取扱い

純資産価額の算定において，会社の帳簿に記載されていなくても計上しなければいけないものにはどんなものがありますか。また，会社の帳簿に記載されていても計上しなくていいものにはどんなものがありますか（負債の部）。

解説

会社の帳簿に記載されていなくても計上するものとして，未納法人税等などがあります。また，会社の帳簿に記載されていても計上しなくていいものとして，貸倒引当金などがあります。

１　負債の部

(1)　帳簿に記載がなくても計上するもの

①　未納法人税等

法人税，消費税（地方法人税を含みます），事業税（地方法人特別税を含みます），道府県民税及び市町村民税（以下，「法人税等」といいます）は，事業年度の決算額を基に算定されるものなので，翌事業年度に処理されることが多く，当該事業年度末には，概算額で計上されることが多いようです。

しかし，法人税等は，事業年度末を確定日として課税されるものであり，直前期末の法人税等は課税時期までに納付済の場合もあります。

したがって，直前期末に係る法人税等は，債務性があることは明らかですから，負債の部に計上します。

②　未納固定資産税等

固定資産税及び都市計画税（以下，「固定資産税等」といいます）は，その年の１月１日に土地又は家屋を所有している者に課税されるものであり，毎年

4月ころ（都区内は6月ころ）市町村からその通知が行われますが，事業年度末までにその通知がないことなどから帳簿に記載されていないことがあります。

　しかし，固定資産税等は，上記のとおり事業年度にかかわらずその年の1月1日を確定日として課税されるものです。

　したがって，固定資産税等は，債務性があることは明らかですから，負債の部に計上します（評基通186）。

③　退職手当金等

　被相続人がその会社の役員の場合，死亡退職金等が支払われることが多いようですが，その確定日は課税時期以降であって，直前期末の帳簿に記載されていません。

　しかし，評価通達186によって，被相続人の死亡により，相続人その他の者に支給することが確定した退職手当金，功労金その他これらに準ずる給与（以下「退職手当金等」といいます）の金額は負債に計上することになっています。

　これは，退職手当金等が相続税法3条によってみなす相続財産として課税の対象となっているため，相続財産である株式を純資産価額方式で評価する場合に，これを負債として控除しないと二重課税が起きることから負債として取り扱うことによるものであり，その実質が退職手当金等として課税価格に算入される弔慰金も同様です。

④　未払配当金

　配当金は，多くの場合，事業年度末から概ね2カ月又は3カ月後の配当金交付に関する株主総会の決議によって，事業年度末日を基準日として株主に対する配当金の交付が確定します。

　ところで，課税時期がこの株主総会等の日より後の場合には，会社は配当金の支払債務が発生し，課税時期までに支払済の場合もあります。

　したがって，未払配当金は，負債の部に計上します。なお，役員賞与も同様です。

⑤　葬式費用

　社葬などにより，会社が葬式費用を支払うことがありますが，その確定日は

課税時期以降であって，直前期末の帳簿に記載されていません。

しかし，葬式費用は，相続開始に伴って発生した費用であること及び相続税の計算に当たっても課税価格の計算上控除することから，社葬を行うことが社会通念上相当と認められるときは，その会社が負担した金額のうち社葬のために通常要すると認められる費用（法基通9－7－19参照）については，負債に計上しても差し支えないと考えられます。

したがって，会社が負担した葬式費用は，負債の部に計上します。

⑥ 保険差益に対する法人税等

会社が生命保険金を受け取った場合（事例12の**2**(1)②参照）において，生命保険金請求権が資産に計上されるとともに，その保険差益について法人税等が課される場合には，その法人税等に相当する金額を負債の部に計上します。

(2) 帳簿に記載があっても計上しないもの

① 引当金，準備金等

引当金とは，「将来の特定の費用又は損失であって，その発生が当期以前の事象に起因し，発生の可能性が高く，かつ，その金額を合理的に見積ることができる場合には，当期の負担に属する金額を当期の費用又は損失として繰り入れる」ものであり，貸倒引当金，退職給与引当金，納税引当金などがあり，税法上認められている準備金も同様ですが，これらの引当金及び準備金は，いずれも予想額を算定したものに過ぎません。

被相続人が個人事業者の場合，その事業上の債務については，相続税法14条によって確実な債務に限って債務控除の対象とされているため，引当金及び準備金はこれに含まれないという，個人事業との評価とのバランスを考慮して，会社の帳簿に記載されている引当金及び準備金については，負債の部に計上しません。

② 減価償却累計額等

減価償却累計額等は，建物などの各資産の金額から控除すべきものであって，帳簿上負債として記載されていても，負債の部に計上しません。なお，圧縮記帳に係る引当金や特別勘定も同様です。

③ 法人税等充当金等

法人税等は，(1)①に記載したとおり，直前期末に係る金額を別途計上することになりますので，直前期末に係る法人税等の見積額として，法人税充当金や納税充当金などによって帳簿に記載されている場合には二重計上となるため，負債の部に計上しません。

(松岡　章夫)

評基通186-2

事例14 現物出資等受入れ資産がある場合

　私は，父から非上場会社であるＡ社株式の贈与を受けようと考えております。Ａ社は，不動産の管理と賃貸を主な業としており，財産評価基本通達でいうところの同族株主がいる会社で小会社に該当します。昨年，おじの相続税の調査でＡ社株式の評価誤りの指摘がありました。それは，Ａ社が過去に現物出資で土地を受け入れていることからＡ社の株式の評価方法に誤りがあるとの指摘です。その指摘は，どのような内容でしょうか。

　Ａ社の直近の資産内容は次のとおりです。

資　　産		負　　債	
相続税評価額	帳簿価額	相続税評価額	帳簿価額
1億円	5千万円	2千万円	2千万円

発行済株式数：1,000株
現物出資土地の相続税評価額：8千万円（現物出資時）
現物出資土地の帳簿価額：3千万円

解説

　評価対象会社の資産の中に現物出資により受け入れた土地（「現物出資土地」といいます）がある場合は，1株当たりの純資産価額の計算に当たって，現物出資土地を現物出資時における評価通達により評価した価額とこの現物出資土地の帳簿価額との差額（評価差額）に対応する法人税額等に相当する金額を控除することができないという評価通達186－2(2)のカッコ書きの指摘であると思われます。

◨ 1株当たりの純資産価額（相続税評価額によって計算した金額）

1株当たりの純資産価額（相続税評価額によって計算した金額）は次の算式により求めます。

$$1株当たりの純資産価額 = \frac{A-B-(C \times 37\%)}{課税時期における発行済株式数}$$

A：課税時期における相続税評価額による総資産価額
B：課税時期における各負債の金額の合計額
a：課税時期におけるAの計算の基とした各資産の帳簿価額の合計額
b：課税時期における各負債の金額の合計額
C：評価差額＝(A－B)－(a－b)

◨ 評価差額に対する法人税額等に相当する金額

ところで，評価差額に対する法人税額等に相当する金額とは，原則として，次の(1)の金額から(2)の金額を控除した残額がある場合におけるその残額に37％（法人税（地方法人税を含みます），事業税（地方法人特別税を含みます），道府県民税及び市町村民税の税率の合計に相当する割合）を乗じて計算した金額となります。

(1) 課税時期における各資産を評価通達に定めるところにより評価した価額の合計額（以下「課税時期における相続税評価額による総資産価額」といいます）から課税時期における各負債の金額の合計額を控除した金額

(2) 課税時期における相続税評価額による総資産価額の計算の基とした各資産の帳簿価額の合計額から課税時期における各負債の金額の合計額を控除した金額

◨ 会社資産の中に現物出資等受入れ資産がある場合

上記◨の評価差額に対する法人税額等に相当する金額を計算する上で，課税

時期における各資産の中に,「現物出資等受入れ資産」がある場合には,各資産の帳簿価額の合計額に,「現物出資等受入れ差額」を加算して法人税額等に相当する金額を計算します。

　ただし,この「現物出資等受入れ差額」の加算は,課税時期における相続税評価額による総資産価額に占める現物出資等受入れ資産の価額（課税時期において評価通達に定めるところにより評価した価額）の合計額の割合が20％以下である場合には行う必要はありません。

(1)　現物出資等受入れ資産

　現物出資,合併により著しく低い価額で受け入れた資産又は株式交換（会社法2条31号の規定による株式交換），株式移転（会社法2条32号の規定による株式移転）により著しく低い価額で受け入れた株式をいいます。

(2)　現物出資等受入れ差額

　現物出資,合併,株式交換又は株式移転の時において当該現物出資等受入れ資産を評価通達に定めるところにより評価した価額から当該現物出資等受入れ資産の帳簿価額を控除した金額をいいます。

(3)　上記**1**計算式のC（評価差額）の計算

　　　$C = (A - B) - (a + d - b)$

　　　d：現物出資等受入れ差額

　また,この計算において次の点に注意する必要があります。

① 　現物出資等受入れ資産が合併により著しく低い価額で受け入れた資産（「合併受入れ資産」といいます）である場合において,上記(2)の「評価通達に定めるところにより評価した価額」は,当該価額が合併受入れ資産に係る被合併会社の帳簿価額を超えるときには,当該帳簿価額とします。

② 　上記(2)の「現物出資等受入れ差額」は,現物出資,合併,株式交換又は株式移転の時において現物出資等受入れ資産を評価通達に定めるところにより評価した価額が課税時期において当該現物出資等受入れ資産を評価通達に定めるところにより評価した価額を上回る場合には,課税時期において当該現物出資等受入れ資産を評価通達に定めるところにより評価した価額から当該

現物出資等受入れ資産の帳簿価額を控除した金額とします。

4　A社の1株当たりの純資産価額

$$1株当たりの純資産価額 = \frac{(1億円 - 2千万円) - 0円 \times 37\%}{1,000株} = 80,000円$$

評価差額Cの計算

　　（1億円 - 2千万円）-（5千万円 + 5千万円 - 2千万円）= 0円

※　現物出資等受入れ差額d：

　　8千万円 - 3千万円 = 5千万円

（参考）　現物出資等受入れ資産がなかったとした場合

$$1株当たりの純資産価額 = \frac{(1億円 - 2千万円) - 5千万円 \times 37\%}{1,000株}$$

$$= 61,500円$$

評価差額Cの計算

　　（1億円 - 2千万円）-（5千万円 - 2千万円）= 5千万円

（山岡　美樹）

評基通186−3

事例15 評価会社が非上場会社株式を保有している場合

　甲社の資産内容は次のとおりです。甲社資産には甲社の100％子会社であるA社株式（非上場会社株式）があります。甲社の株式を純資産価額方式で評価を行いたいと考えています。そこで，甲社が所有するA社株式を純資産価額方式で評価する場合，「評価差額に対する法人税額等に相当する金額」を控除して計算できるのでしょうか。

【甲社（発行済株式数10,000株）】

資産の部			負債の部		
科　　目	相続税評価額	帳簿価額	科　　目	相続税評価額	帳簿価額
	千円	千円		千円	千円
現　金　預　金	20,000	20,000	借　入　金	15,000	15,000
建　　　　物	10,000	12,500	未納法人税等	500	500
土　　　　地	50,000	10,000			
A　社　株　式	29,500	500			
合　　　計	109,500	43,000	合　　　計	15,500	15,500

【A社（発行済株式数1,000株）】

資産の部			負債の部		
科　　目	相続税評価額	帳簿価額	科　　目	相続税評価額	帳簿価額
	千円	千円		千円	千円
現　金　預　金	7,000	7,000	借　入　金	2,500	2,500
商　　　　品	3,000	3,000	未納法人税等	500	500
建　　　　物	2,500	4,000			
土　　　　地	20,000	10,000			
合　　　計	32,500	24,000	合　　　計	3,000	3,000

解説

　評価会社（甲社）が所有する非上場会社株式（A社株式）の1株当たりの純

資産価額(相続税評価額によって計算した金額)の計算に当たって、財産評価基本通達186-2の定めにより計算した「評価差額に対する法人税額等に相当する金額」を控除することはできません。

1 1株当たりの純資産価額

1株当たりの純資産価額(相続税評価額によって計算した金額)は次の算式により求めます(評基通185)。

$$1株当たりの純資産価額 = \frac{A - B - (C \times 37\%)}{課税時期における発行済株式数}$$

A:課税時期における各資産を評価通達により評価した価額の合計額
B:課税時期における各負債の金額の合計額
C:評価差額=(A-B)-(D-E)
D:課税時期におけるAの計算の基とした各資産の帳簿価額の合計額
E:課税時期における各負債の金額の合計額

甲社株式の1株当たりの純資産価額(相続税評価額によって計算した金額)は、上記の算式により評価します。この場合において、甲社が所有しているA社の1株当たりの純資産価額(相続税評価額によって計算した金額)を求めるに当たり評価差額に対する法人税額等に相当する金額(上記算式の(C×37%))を控除できるかがポイントとなります。

2 評価差額に対する法人税額等に相当する金額

純資産価額の計算上、評価差額に対する法人税額等に相当する金額を控除することとしている趣旨は、個人が株式等の所有を通じて会社の資産を間接的に所有している場合と、個人事業主として直接に事業用資産を所有する場合との評価上の均衡を図ることにあるからです。それは、個人が株式等の所有を通じて会社の資産を間接的に所有している場合は、相続の開始によって会社の事業の継続が不可能になるときや会社の資産を自己のために利用又は処分したいと

きには，会社を解散，清算することにより，所有していた株式等の数に見合う財産を手にするほかありません。その際，会社に清算所得が生じた場合には，その清算所得に対して法人税等が課されることとなります。そうすると，個人事業者が直接に事業用財産を所有している場合に比べて，この法人税額等に相当する金額分だけ実質的な取り分が減少することになります。そこで，このような事業用財産の所有形態による経済的差異を考慮して，両者の評価上の均衡を図るため，株式等の価額の評価に当たり評価会社の資産の価額と負債との差額から，いわゆる含み益である評価差額に対する法人税額等に相当する金額を控除することとしています（平成16年3月17日横浜地裁判決）。

以上のことから，個人が直接所有する評価会社の株式の評価上この点を考慮すれば足りるので，評価会社が所有する株式の評価上重ねてこの点を考慮する必要はありません。そこで，評価通達186－3では次のように定めています。

3 評価会社が有する株式の純資産価額の計算

評価通達185（純資産価額）により，課税時期における評価会社（質問の場合甲社）の各資産を評価する場合において，当該各資産のうちに取引相場のない株式（質問の場合A社）があるときの当該株式（A社株式）の1株当たりの純資産価額（相続税評価額によって計算した金額）は，当該株式の発行会社（A社）の課税時期における各資産をこの通達に定めるところにより評価した金額の合計額から課税時期における各負債の金額の合計額を控除した金額を課税時期における当該株式の発行会社（A社）の発行済株式数で除して計算します（評基通186－3）。

$$\text{評価会社が所有する取引相場のない株式1株当たりの純資産価額} = \frac{\begin{bmatrix}\text{課税時期における評価会社}\\\text{が所有する当該株式の発行}\\\text{会社の各資産を評価通達に}\\\text{より評価した価額の合計額}\end{bmatrix} - \begin{bmatrix}\text{課税時期における評価会}\\\text{社が所有する当該株式の}\\\text{発行会社の各負債の金額}\\\text{の合計額}\end{bmatrix}}{\text{課税時期における評価会社が所有する当該株式の発行会社の発行済株式数}}$$

（注）　評価会社が所有する取引相場のない株式を「併用方式」，「$S_1 + S_2$方式」で行う場合も同様です。

上記質問の例を基に計算すると甲社が所有するA社の1株当たりの純資産価額の計算は次のとおりです。

〔計算例〕

$$\boxed{\text{A社の1株当たりの純資産価額}} = \frac{32,500\text{千円} - 3,000\text{千円}}{1,000\text{株}} = 29,500\text{円}$$

　A社の1株当たりの純資産価額は29,500円となりますので、甲社が所有するA社株式の相続税評価額は29,500千円（29,500円×1,000株）となります。

4 評価会社甲社の1株当たりの純資産価額の計算

　上記質問の例を基に計算すると評価会社甲社の1株当たりの純資産価額の計算は次のとおりです。

〔計算例〕

$$\boxed{\text{甲社の1株当たりの純資産価額}} = \frac{109,500\text{千円} - 15,500\text{千円} - (66,500\text{千円} \times 37\%)}{10,000\text{株}}$$

$= 6,939$円

　※　評価差額66,500千円＝（109,500千円－15,500千円）
　　　　　　　　　　　　　－（43,000千円－15,500千円）

（山岡　美樹）

第5章

配当還元方式

本章における基本的な考え方

　本章では，配当還元方式に係る事例を取り扱います。

　非上場株式を発行している会社の株式の評価に当たっては，少数株主など会社に対する支配力の弱い株主が取得した株式については，配当還元方式という例外的な評価方法が適用できます。

　具体的には，以下のような算式となります。

$$\text{配当還元方式の評価額} = \frac{2\text{年平均配当金額}}{10\%} \times \frac{1\text{株当たりの資本金等の額}}{50\text{円}}$$

　上記算式中，2年平均配当金額は，特別配当，記念配当等など毎期継続することが予想できない金額を控除します。ただし，この計算によって求めた金額が2円50銭未満のもの及び無配のものにあっては2円50銭とされます。この最低の配当金額を無配でも2円50銭としているのは，実際に配当可能な利益があるにもかかわらず，配当しないケースがあり，評価額をゼロ円とするのは適当ではないからです。

　また，分母を10％としているのは，預金などよりは高い利回り率を採用することにより，評価の安全性を図っているからです。したがって，10％配当をしている場合に，いわゆる額面評価となります。

　株式の発行会社が，①類似業種比準方式における比準要素数1又は0の会社，②株式保有特定会社，③土地保有特定会社，④開業後3年未満の会社に該当する場合であっても，同族株主等以外の株主が取得した株式については配当還元方式によって評価します。なお，開業前又は休業中の会社の株式及び清算中の会社の株式については，配当還元方式の適用はありません。

評基通188-2

  資本金等の金額がマイナスの場合

評価する会社の資本金等の額がマイナスとなっていますが,配当還元方式で評価額を算定する場合において,どのように計算したらよいのでしょうか。

解説

資本金等の額はマイナスのまま計算すればよいので,評価額がマイナスとなる心配はありません。

1 配当還元方式の計算

資本金等の額がマイナスの場合の類似業種比準方式における評価額の算定については,124頁で記載したとおりですが,ここで配当還元方式について検討します。

配当還元方式とは,その株式を所有することによって受ける利益である配当金額を,一定の利率で還元して元本である株式の価額を求めようとするもので,いわゆる収益還元方式の一つです。

そして,類似業種比準方式と同様に1株当たりの資本金等の額が50円でない場合には調整をすることになり(評基通188-2),その計算は次のとおりです。

直前2年間の平均配当金額(表1の⑰) ÷ 1株当たりの資本金等の額を50円とした場合の発行済株式数(表1の⑫)

= 1株当たりの年配当金額(表1の⑱)

1株当たりの年配当金額 ÷ 10% × 実際の1株当たりの資本金等の額(表1の⑬) ÷ 50円

= 評価額(表1の⑳)

表1

第3表　一般の評価会社の株式及び株式に関する権利の価額の計算明細書　　会社名　　○○商事株式会社

		1株当たりの資本金等の額、発行済株式数等	⑨ 直前期末の資本金等の額	⑩ 直前期末の発行済株式数	⑪ 直前期末の自己株式数	⑫ 1株当たりの資本金等の額を50円とした場合の発行済株式数（⑨÷50円）	⑬ 1株当たりの資本金等の額（⑨÷(⑩-⑪)）
			50,000 千円	1,000 株	0 株	1,000,000 株	50,000 円

	事業年度	⑭ 年配当金額	⑮ 左のうち非経常的な配当金額	⑯ 差引経常的な年配当金額（⑭-⑮）	年平均配当金額
直前期末以前2年間の配当金額	直前期	10,000 千円	0 千円	㋑ 10,000 千円	⑰(㋑+㋺)÷2
	直前々期	10,000 千円	0 千円	㋺ 10,000 千円	10,000 千円

2. 配当還元方式による価額

1株(50円)当たりの年配当金額	⑰の金額　　　　⑫の株数　　　　　　⑱ 10,000 千円 ÷ 1,000,000 株 = 10 円 00 銭	この金額が2円50銭未満の場合は2円50銭とします。

配当還元価額	⑱の金額　　　　⑬の金額　　　⑲　　　　　　　　⑳ 10 円 00 銭 × 50,000 円 = 100,000 円　　100,000 円 　　10%　　　　　　50円	⑳の金額が、原則的評価方式により計算した価額を超える場合には、原則的評価方式により計算した価額とします。

2　資本金等の額がマイナスの場合

　ところで，資本金等の額がマイナスの場合に，この計算をそのまま行うとどうなるでしょうか（表2参照）。

　まず，⑫の株数がマイナスなので，⑱の1株当たりの年配当金額がマイナスとなります。

　しかし，次に，マイナスである⑬の実際の1株当たりの資本金等の額を掛けるので，⑳で，マイナス×マイナス＝プラスとなり，類似業種比準方式と同様に，表4のように⑳の評価額がマイナスになることはありません。

表2

第3表　一般の評価会社の株式及び株式に関する権利の価額の計算明細書　　会社名　　○○商事株式会社

	1株当たりの資本金等の額、発行済株式数等	直前期末の資本金等の額	直前期末の発行済株式数	直前期末の自己株式数	1株当たりの資本金等の額を50円とした場合の発行済株式数 (⑨÷50円)	1株当たりの資本金等の額 (⑨÷(⑩-⑪))
2．配当還元方式による価額		⑨　　　　　千円　△50,000	⑩　　　　　株　1,000	⑪　　　　　株　0	⑫　　　　　株　△1,000,000	⑬　　　　　円　△50,000

直間前期末以金前2年	事業年度	⑭ 年配当金額	⑮ 左のうち非経常的な配当金額	⑯ 差引経常的な年配当金額 (⑭-⑮)	年平均配当金額
	直　前　期	千円　10,000	千円　0	千円　10,000	⑰(イ+ロ)÷2　千円　10,000
	直前々期	千円　10,000	千円　0	ロ　千円　10,000	

1株(50円)当たりの年配当金額　　年平均配当金額(⑰) 10,000千円 ÷ ⑫の株数 △1,000,000株 ＝ ⑱ △10円00銭　　この金額が2円50銭未満の場合は2円50銭とします。

配当還元価額　⑱の金額 △10円00銭/10% × ⑬の金額 △50,000円/50円 ＝ ⑲ 100,000円　⑳ 100,000円　⑲の金額が、原則的評価方式により計算した価額を超える場合には、原則的評価方式により計算した価額とします。

3　1株当たりの年配当金額が2円50銭未満の場合

　1株当たりの年配当金額が2円50銭未満及び無配の場合，つまり，資本金等の額に対し5％未満の配当だった場合には，1株当たりの年配当金額は2円50銭として計算することになっています（評基通188－2）(**表3**参照)。

　これは，取引相場のない株式の発行会社においては，実際に配当可能利益があるにもかかわらず，政策的にこれを留保し配当しない場合が多くみられること等を考慮したもので，配当がない場合に評価額が0円とならないよう，配当が極端に少ない場合も含めて，少なくとも評価額は拠出した出資金の半額ぐらいにすべきであろうとの考え方によるものです。

表3

第3表 一般の評価会社の株式及び株式に関する権利の価額の計算明細書　会社名　○○商事株式会社

		1株当たりの資本金等の額、発行済株式数等	直前期末の資本金等の額	直前期末の発行済株式数	直前期末の自己株式数	1株当たりの資本金等の額を50円とした場合の発行済株式数 (⑨÷50円)	1株当たりの資本金等の額 (⑨÷(⑩-⑪))
2. 配当還元方式による価額			⑨ 千円 50,000	⑩ 株 1,000	⑪ 株 0	⑫ 株 1,000,000	⑬ 円 50,000

	事業年度	⑭ 年配当金額	⑮ 左のうち非経常的な配当金額	⑯ 差引経常的な年配当金額 (⑭-⑮)	年平均配当金額
直前期末以前2年間の年配当金額	直前期	千円 1,000	千円 0	イ 千円 1,000	⑰ (イ+ロ)÷2 千円 1,000
	直前々期	千円 1,000	千円 0	ロ 千円 1,000	

1株(50円)当たりの年配当金額	年平均配当金額(⑰) 1,000 千円 ÷	⑫の株数 1,000,000 株 ＝	⑱ 1円00銭 ⇒ 2円50銭	この金額が2円50銭未満の場合は2円50銭とします。

配当還元価額	⑱の金額 2円50銭 / 10% ×	⑬の金額 50,000円 / 50円 ＝	⑲ 25,000円	⑳ 25,000 円	株の金額が、原則的評価方式により計算した価額を超える場合には、原則的評価方式により計算した価額とします。

4　1株当たりの年配当金額がマイナス2円50銭以上0円未満の場合

　資本金等の額がマイナスの場合，常に1株当たりの年配当金額（⑱）はマイナスとなり，2円50銭未満となりますので，表2のように1株当たりの年配当金額が△10円の場合にこれを2円50銭とすると，評価額が△25,000円となってしまいます。

　マイナスだから評価額は0円でよいのでしょうか。純資産価額がマイナスならば配当還元価額も0円になりますので問題はありませんが，純資産価額がプラスだとすれば，少ないとはいえ配当金を受領している株式の価額が0円ではおかしいと考えられます。

　ではどうすればよいのでしょうか。

　資本金等の額がマイナスの場合，マイナス×マイナス＝プラスなのでそのまま計算すればよいということです。

　また，年配当金額が△2円50銭から0円までの間の場合には，年配当金額を△2円50銭とすれば，資本金等の額がプラスの場合の2円50銭と同様にな

ると考えられます（表4参照）。

　なお，試算の結果は省略しますが，資本金等の額のマイナスが大きく，資本金の額以上になる場合には，この△2円50銭とする調整は問題があるように思われます。その際には，配当収益にしか経済的価値が見いだせない株主の所有する株式の時価はいくらかという議論が必要と思われます。

表4

第3表　一般の評価会社の株式及び株式に関する権利の価額の計算明細書　　会社名　　○○商事株式会社

		1株当たりの資本金等の額、発行済株式数等	直前期末の資本金等の額	直前期末の発行済株式数	直前期末の自己株式数	1株当たりの資本金等の額を50円とした場合の発行済株式数（⑨÷50円）	1株当たりの資本金等の額（⑨＋(⑩-⑪)）
2. 配当還元方式による価額			⑨　　　　千円　△50,000	⑩　　　　　株　1,000	⑪　　　　　株　0	⑫　　　　　株　△1,000,000	⑬　　　　　円　△50,000
	直間の期配末当以金前額2年	事業年度	⑭　年　配　当　金　額	⑮　左のうち非経常的な配当金額	⑯　差引経常的な年配当金額（⑭-⑮）	年平均配当金額	
		直　前　期	千円　1,000	千円　0	㋑　　千円　1,000	⑰（㋑＋㋺）÷2　　千円　1,000	
		直前々期	千円　1,000	千円　0	㋺　　千円　1,000		
	1株(50円)当たりの年配当金額	年平均配当金額(⑰)　　　⑫の株数　　　　　　　　　⑱ 1,000 千円　÷　△1,000,000 株　=△1円00銭　⇒　△2円50銭					この金額が2円50銭未満の場合は2円50銭とします。
	配当還元価額	⑱の金額　　　　　⑬の金額　　　　　　⑲ △2円50銭　　　△50,000円 ─────── × ─────── =　25,000 円 　10％　　　　　　　50円			⑳　　　　　　　円　25,000		⑳の金額が，原則的評価方式により計算した価額を超える場合には，原則的評価方式により計算した価額とします。

（松岡　章夫）

評基通188－2

事例02 資本金等の額が不明な場合

　被相続人甲は，劇場を経営するA社の株式を1,000株（発行済株式数100万株）所有していましたが，A社は上場していません。甲は，A社の経営に関与していたわけではなく，観劇が趣味であることからA社の株式を取得したようです。A社の株式についてどのように評価したらよいのでしょうか。また，その際にどのような資料を収集すればよいのでしょうか。

解説

　通常，配当還元方式となります。収集する資料は，配当通知書や株主総会などの際に送付される会社の事業報告書などです。

1 評価方式

　取引相場のない株式の評価においては，同族株主以外の株主や同族株主でも一定の少数株主の場合には配当還元方式等となります。

　したがって，本問のケースのように，上場していなくても上場会社に近いような大規模の会社の株式を少数保有している場合には，経営者等の親族でない限り，同族株主になる可能性はほとんどないので，通常，配当還元方式になると思われます。

　また，配当還元方式による1株当たりの評価額の算式は次のとおり（評基通188－2）なので，年配当金額と1株当たりの資本金等の額がわかれば評価額が算定できます。

　　評価額＝年配当金額÷10％×1株当たりの資本金等の額÷50円

2　資本金等の額

　上記**1**の算式は、平成18年の財産評価基本通達の改正前は、「資本金等の額」が「資本金の額」だったので、株主総会の際に送付される事業報告書等の貸借対照表から簡単に確認することができましたが、通達改正後は「資本金等の額」に変更されたことによって、簡単には確認することができなくなってしまいました。

　この「資本金等の額」は、法人税法2条16号に規定する金額（評基通180）で、資本金に資本準備金を加算（以下「資本金合計額」といいます）し、自己株式の取得や合併等（以下「自己株式の取得等」といいます）があった場合の法人税法上の調整を行った後の金額のことです。

　実際には法人税申告書の別表五㈠の「Ⅱ　資本金等の額の計算に関する明細書」で確認することになりますが、この金額は、法人税などのために必要なものなので、会社の事業報告書等には記載されておらず、もちろんインターネット上でも公開されていません。したがって、単なる少数株主としては、会社に直接教えてもらうしか方法がないと思われます。

　ところで、株主は、会社法433条に基づいて会計帳簿閲覧等の請求権がありますが、議決権又は発行済株式数の3％以上の株式を保有していないとこの権利はなく、法人税の申告書はこの「会計帳簿」に含まれないとした裁判所の決定もありますので、会社から教えてもらえないことが十分想定されます。

3　配当還元方式の趣旨

　そもそも、配当還元方式は、株式を所有することによって受ける利益の配当金額を一定の利率で還元して元本である株式の価額を求めようとするもので、いわゆる収益還元法式の一つです。昭和の時代には、株式は額面が50円でその配当が5円（利回り10％）という例が数多く見受けられましたので、この利回り（還元率）10％のときの評価額を額面と同じ50円とし、評価する会社の実際の配当金額によってその株式の評価額を算定することとしたものと考え

られます。

4 配当還元方式の構造

上記**1**の算式における「年配当金額」とは，直前期末以前２年間における配当金額（総額）の平均額（年平均配当金額）ですが，１株当たりの資本金等の額が50円とした場合の金額に調整します。

　　年配当金額＝年平均配当金額÷(資本金等の額÷50円)

ここで，資本金等の額を①，発行済株式数（自己株式を除く）を②，年平均配当金額を③とすると，上記**1**の算式は次のとおりとなります。

　　評価額＝年配当金額÷10％×１株当たりの資本金等の額÷50円
　　　　　＝年平均配当金額÷(資本金等の額÷50円)
　　　　　　÷10％×資本金等の額÷発行済株式数÷50円
　　　　　＝③÷(①÷50)÷10％×①÷②÷50
　　　　　＝ $\boxed{③÷②×10}$

つまり，評価額は，③の年平均配当金額を②の発行済株式数で除した金額，すなわち１株当たりの配当金額の10倍となるので，１株当たりの配当金額が100円なら評価額は1,000円ということです。

したがって，配当還元方式による評価額は，上記**3**の趣旨のとおり，実際の配当金額を基に算定されることになり，資本金等の額は影響されないことから，資本金等の額がわからなくても算定できることになります。

5 年配当金額が2.5円未満の場合

ただし，年配当金額が2.5円未満の場合には，これを2.5円とすることになっている（評基通188－２）ので，上記**4**の算式はそのままは使えません。

この場合，上記**1**の算式は次のとおりとなります。

　　評価額＝2.5÷10％×①÷②÷50
　　　　　＝ $\boxed{①÷②×0.5}$ 　①÷②×0.5

つまり，評価額は，１株当たりの資本金等の額の半分となりますので，やは

り資本金等の額がわからないと評価額が算定できないということになります。

6　資本金等の額が不明な場合

　仮に，自己株式の取得等がなければ，資本金等の額は資本金合計額となるので，上記5において，年平均配当金額が資本金合計額の5％未満の場合には，評価額は，「資本金合計額÷発行済株式数×0.5」となりますので，これなら会社の事業報告書等から算定することができます。

　また，合併等がなく，自己株式の取得だけの場合には，次のように資本金等の額が推測できます。

　　　資本金等の額＝資本金合計額－自己株式に対する資本金等の額
　　　　　　　　　＝資本金合計額－資本金合計額×自己株式数÷発行済株式数
　　　　　　　　　＝資本金合計額×（1－自己株式数÷発行済株式数）

　自己株式数も会社の事業報告書等に記載されていますので，評価額を算定することができます。

　つまり，合併等による資本金等の額の調整がなければ評価額が算定できます。

　自己株式の取得等が不明である場合には，実務上は，自己株式の取得等がないものとして評価額を算定せざるを得ません。

（松岡　章夫）

第6章

特殊な株式等の評価に係る事例

本章における基本的な考え方

　本章では，特殊な株式等の評価に係る事例を取り扱います。特殊な株式等として，株式保有特定会社，土地保有特定会社，種類株式を発行している会社，医療法人，外国の会社の株式又は出資を取り上げます。

　上場会社に準ずるような大会社の株式の評価額については，上場会社の評価とのバランスを考慮し，評価会社の事業内容が類似する上場会社の株価に比準して評価額を求める方式，すなわち類似業種比準方式による価額であることを原則とし，納税者の選択により，純資産価額でもよいとされています（評基通179(1)）。しかし，大会社であっても，特定の評価会社に該当すると，その評価方法は，清算中の会社を除いて，類似業種比準価額ではなく，純資産価額又は純資産価額と類似業種比準価額との併用になります。

　特定の評価会社とは，①類似業種比準方式における比準要素数１又は０の会社，②株式保有特定会社（株式等保有割合50％以上），③土地保有特定会社（大会社の場合，土地等保有割合70％以上），④開業後３年未満，開業前，休業中及び清算中の会社（評基通189）です。

　事例において，特定の評価会社の判定はどのように行うのか，該当した場合の具体的な計算方法などを記載しています（事例01～04）。

　種類株式は，平成18年に施行された会社法により，多種多様な種類株式の発行が認められました。国税庁からは，①配当優先無議決権株式，②社債類似株式及び③拒否権付株式について見解を示していますが，その内容を理解していただくとともに，これら以外の種類株式についての事例は少ないですが，どのように評価を行うのかを記載しています（事例05～07）。

　医療法人の出資の評価については，医療法人が剰余金の配当ができないことから特別な定めがあり，その内容を理解していただく事例を記載しています（事例08）。

　最後に，外国の会社の株式の評価はどのように行うかについても事例を取り

上げました（事例10，11）。

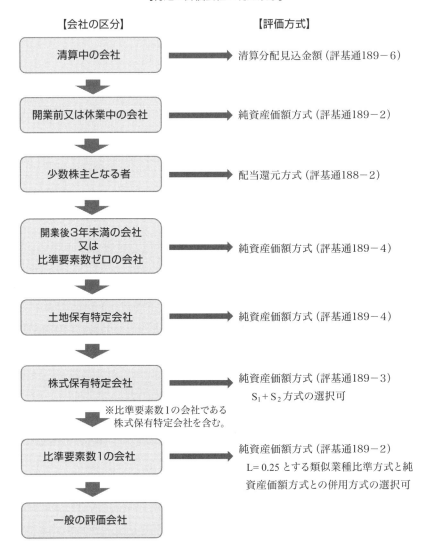

1 株式保有特定会社の株式の評価　評基通189

　株式保有特定会社の株式の評価

　相続財産の中に非上場会社の株式がありますが，子会社を多数保有しております。相続税の評価の中に株式保有特定会社という評価があり，純資産による評価になると聞きました。これは，どのような場合に適用され，株式の中に何が入るのでしょうか。教えてください。

解説

　株式等の割合が一定以上の会社は，純資産価額方式により株式を評価します。

1　株式保有特定会社とは

　会社の資産構成が，株式等（株式及び出資）に著しく偏っている会社の株価は，その保有する株式等の価値に依存する割合が高いものと考えられ，一般の評価会社に適用される類似業種比準方式を適用して適正な株価の算定を行うことは難しいものと考えられます。そこで，課税時期における評価会社の総資産に占める株式等の保有割合(注)が50％以上に該当する会社を「株式保有特定会社」とし，その株式の評価は，原則として，その資産価値をより良く反映し得る純資産価額方式により評価することとされています（評基通189(2)，189－3）。

　　（注）「株式等の保有割合」は，評価会社の有する各資産の価額（相続税評価額により計算）の合計額のうちに占める株式等の価額（相続税評価額により計算）の割合をいいます。

　また，評価会社の経営の実態に応じ実質的に類似業種比準価額の適用も受けられるよう，納税者の選択により，次の算式により評価することができることとされています（評基通189－3ただし書）。

【算　式】

　株式保有特定会社の株式の価額＝S_1＋S_2

　S_1…株式保有特定会社が所有する株式等とその株式等に係る受取配当収入がなかったとした場合の当該株式保有特定会社の株式を，会社の規模に応じた原則的評価方式により評価した価額

　S_2…株式保有特定会社が所有する株式等のみを評価会社の資産と捉えて，純資産価額方式に準じて評価した価額

　この「S_1＋S_2」方式は，株式等の資産構成割合が高い会社のなかでも相当規模の事業を営んでいる会社については，その事業相当分の営業の実態も株式の評価に織り込む必要があると考えられることから，保有株式等とそれ以外の資産とに区分して，それぞれについての評価を行い，それらを合算するというものです。

　ただし，同族株主等以外の株主等（いわゆる少数株主）が取得した株式については，配当還元方式によって評価することとされています（評基通189-3なお書）。

　なお，評価会社が，株式保有特定会社に該当する会社であるか否かを判定する場合において，課税時期前において合理的な理由もなく評価会社の資産構成に変動があり，その変動が株式保有特定会社に該当する会社であると判定されることを免れるためのものと認められる場合には，その変動はなかったものとして判定を行うこととされています（評基通189なお書）。

2　株式等に含まれるもの

(1)　株式会社の株式，出資

　株式会社，特例有限会社の株式及び合名会社・合資会社・合同会社の出資などが該当します。

(2)　外　国　株　式

　外国株式であっても，外国法人の株主たる地位を取得することに変わりはありません。

(3) 株式制のゴルフ会員権

　ゴルフ場経営法人等の株主であることを前提としているもので，株式等に含まれます。

(4) 会社型の不動産投資信託

　その投資口は均等の割合的単位に細分化された投資法人の社員の地位であり，株式等に含まれます。

　　(注)　平成29年度税制改正大綱によると，平成30年1月1日以後の相続・贈与から，株式等に「新株予約権付社債」が加えられることとなります。

3　株式等に含まれないもの

(1) 民法上の組合への出資

　民法上の組合は，特定の共同事業を営む目的を持つ団体を結成する双務契約であり，各組合員は相互に債権を取得するとともに債務を負担するものであります（民法667，668）。したがって，判定の基礎となる株式等に該当するものとはいえません。

(2) 匿名組合の出資

　「匿名組合」とは，商法における匿名組合契約に基づくもので「共同出資による企業形態」の一種であり，出資者（匿名組合員）が営業者の営業に対して出資を行い，営業者はその営業から生ずる利益を匿名組合員に分配することを要素とするものです。匿名組合契約により出資をしたときは，その出資は，営業者の財産に帰属するものとされており（商法536①），匿名組合員の有する権利は，利益分配請求権と契約終了時における出資金返還請求権が一体となった匿名組合契約に基づく債権的権利ということになります。したがって，判定の基礎となる株式等に該当するものとはいえません。

(3) 証券投資信託の受益証券

　「証券投資信託」とは，不特定多数の投資家から集めた小口資金を大口資金にまとめ，運用の専門家が投資家に代わって株式や公社債などの有価証券に分散投資し，これから生じる運用収益を出資口数に応じて分配する制度で

あり,出資者は,運用収益の受益者の立場に止まることから,証券投資信託の受益証券は,判定の基礎となる株式等に該当するものとはいえません。

(松岡　章夫)

1 株式保有特定会社の株式の評価　評基通189

事例02　繰延税金資産の計上の有無と株式保有割合の判定の分母の額

　非上場会社の評価をする際，資産の中に繰延税金資産がありますが，これはどのように評価をするのでしょうか。また，株式保有特定会社等に該当するか否かの際の分母に算入できるのでしょうか。教えてください。

解説

　純資産価額方式の計算上，繰延税金資産は資産に計上せず，したがって株式保有特定会社の判定上，分母には算入しません。

１　純資産価額方式における資産とは

　純資産価額方式において，評価会社の有する資産について，「資産の部」の「相続税評価額」には，財産性のない創立費や，新株発行費用等の繰延資産のように評価の対象とならないものについては，記載しないこととなっています。
　繰延税金資産も，税効果会計の適用により貸借対照表に計上されるもので，将来の法人税等の支払いを減額する効果を有し，法人税等の前払額に相当するため資産に計上はするものの，法人税法上，還付請求できる権利ではなく，財産価値があるものではありません。
　したがって，繰延税金資産は，財産性のあるものではなく，評価の対象とはならないため，「資産の部」の「相続税評価額」には，記載されません。
　純資産価額方式の「資産の部」の「帳簿価額」には，「資産の部」の「相続税評価額」に評価額が記載された各資産について課税時期における税務計算上の帳簿価額を記載することになっていますので，こちらにも記載されないことになります。

2　株式保有特定会社とは

　課税時期における評価会社の総資産に占める株式等の保有割合が50％以上に該当する会社を「株式保有特定会社」とし，その株式の評価は，原則として，その資産価値をより良く反映し得る純資産価額方式により評価することとされています。「株式等の保有割合」は，評価会社の有する各資産の価額（相続税評価額により計算）の合計額のうちに占める株式等の価額（相続税評価額により計算）の割合をいいます（評基通189(2)，189－3）。

3　土地保有特定会社とは

　課税時期における評価会社の総資産に占める土地等の保有割合が次の基準に該当する会社を「土地保有特定会社」とし，その株式の評価は，原則として，その資産価値をより良く反映し得る純資産価額方式により評価することとされています。「土地等の保有割合」は，評価会社の有する各資産の価額（相続税評価額により計算）の合計額のうちに占める土地等の価額（相続税評価額により計算）の割合をいいます（評基通189(3)，189－4）。

会社の規模	大会社	中会社	小会社
株式等の保有割合	70％以上	90％以上	（注）参照

　（注）　総資産価額基準が大会社に該当するものは70％以上，同基準が中会社に該当するものは90％以上で土地保有特定会社に該当し，同基準がいずれにも該当しないものは土地保有特定会社に該当しません。

4　株式保有特定会社等に該当するか否かの際の分母

　繰延税金資産は株式や土地には該当しませんから，株式保有特定会社や土地保有特定会社の判定上，分母に算入することができれば，割合が低下するので有利になります。しかし，株式保有特定会社や土地保有特定会社に該当するか否かの際の分母は，上記2，3のとおり，相続税評価額により計算したものをいいますから，資産に計上されない「繰延税金資産」は分母に算入されないこ

とになります。

5 繰延税金負債

　繰延税金負債は，税効果会計の適用により貸借対照表に計上されるもので，将来の法人税等の支払いを増額する効果を有し，法人税等の未払額に相当するものです。繰り延べた法人税等の額を示すだけであり，引当金と同様に相続税法13条にいう確実な債務ではありませんので，負債には計上しません。

6 評価勘定の場合（「手形裏書義務見返」勘定）

　約束手形を満期日前に第三者や銀行に譲渡することがあります。その際の記録方法としては，直接控除法，評価勘定法のほかに，対照勘定法というものがあります。対照勘定法とは，手形の裏書譲渡又は割引譲渡があった場合には，受取手形を売却したものと考えますが，それに伴う遡及義務を明らかにするために，将来生じるかもしれない偶発債務を示しておくものです。実務上あまり使われていないようですが，以下のような仕訳となります。

【裏書譲渡時の仕訳】

　　（借）買　掛　金　　10,000　　（貸）受　取　手　形　　10,000
　　　　手形裏書義務見返　10,000　　　　手形裏書義務　　　10,000

　この仕訳による「手形裏書義務見返」は，まさに資産性がなく，備忘的に記載されたものであるため，評価の対象とはなりませんので，「資産の部」には記載されません。「手形裏書義務」も確実な債務ではありませんので，「負債の部」には計上しません。

（松岡　章夫）

| 1 株式保有特定会社の株式の評価 | 評基通189 |

事例03 転換社債を有する場合の株式保有特定会社の判定

　評価対象会社であるA社は，財産評価基本通達178による区分では大会社に該当し，課税時期現在の株式保有割合は，最近の株価高の影響もあり保有する株式の株価が高く45％になります。A社は，非上場会社X社が発行する転換社債を保有しています。この転換社債の転換価格は500円で，課税時期現在において転換社債を発行しているX社の株式を評価通達により評価した価額は1株当たり1,500円で転換価格を上回っています。金融商品取引所に上場されていない転換社債は，転換社債の発行会社の株式の価額が転換価格を上回る場合は発行会社の株式評価額により評価すると聞いています。これに従って計算をしてX社の転換社債を評価して加えると，A社の株式保有割合は50％を超えることとなります。この場合，A社は，評価通達189の株式保有特定会社に該当するのでしょうか。

解説

　株式保有特定会社に該当するか否かを判定する上で，転換社債は「株式及び出資」の範囲には含まれません。したがって，A社の株式保有割合は45％であり50％未満であることから株式保有特定会社には該当しません。

1　転換社債型新株予約権付社債の評価（評価通達197－5）

　転換社債型新株予約権付社債（平成14年3月31日以前に発行された転換社債も含み「転換社債」といいます）の評価は，次に掲げる区分に従い，それぞれ次に掲げるところにより評価します。

(1)　金融商品取引所に上場されている転換社債

　その転換社債が上場されている金融商品取引所の公表する課税時期の最終価

格と源泉所得税相当額（復興特別所得税を含みます。以下同じです）控除後の既経過利息の額との合計額によって評価します。

(2) **日本証券業協会において店頭転換社債として登録された転換社債**

その転換社債について日本証券業協会の公表する課税時期の最終価格（課税時期に日本証券業協会の公表する最終価格がない場合には，課税時期前の最終価格のうち，課税時期に最も近い日の最終価格となります）と源泉所得税相当額控除後の既経過利息の額との合計額によって評価します。

(3) **(1)又は(2)に掲げる転換社債以外の転換社債**

イ　ロに該当しない転換社債……その転換社債の発行価額と源泉所得税相当額控除後の既経過利息の額との合計額によって評価します。

ロ　転換社債の発行会社の株式の価額が，その転換社債の転換価格（転換比率によって定められているものについては，その転換比率を基として計算した転換価格に相当する金額をいいます）を超える場合の転換社債……次の算式により計算した金額によって評価します。

$$転換社債の発行会社の株式の価額 \times \frac{100円}{その転換社債の転換価格}$$

上の算式中の転換社債の発行会社の株式の価額は，その株式が上場株式又は気配相場のある株式である場合には，その株式について，評価通達の定めにより評価した課税時期における株式1株当たりの価額をいいます。また，その株式が取引相場のない株式である場合には，その株式について評価通達の定めにより評価した課税時期における株式1株当たりの価額を基として，次の算式によって修正した金額となります。

$$\frac{N + P \times Q}{1 + Q}$$

　　N：評価通達により評価したその転換社債の発行会社の課税時期における株式1株当たりの価額

　　P：その転換社債の転換価格

　　Q：次の算式によって計算した未転換社債のすべてが株式に転換されたも

のとした場合の増資割合

$$増資割合 = \frac{\dfrac{転換社債のうち課税時期において株式に転換されていないものの券面総額}{その転換社債の転換価格}}{課税時期における発行済株式数}$$

　上記(3)の評価方式の趣旨は，株式の価額が転換価格を下回っているときは社債を株式に転換する実益がないことから利付社債と同じ性格のものでしかなく，その価格も一般の利付社債と同じような利回りを中心とした価格形成が行われますが，株式の価額が転換価格を超えると転換社債の価格は株式の価額と連動して価格形成が行われるようになることからこのような評価方法が定められています(1)。

2　株式保有特定会社の株式（評価通達189(2)）

　課税時期において評価会社の有する各資産をこの通達に定めるところにより評価した価額の合計額（「総資産価額」といいます）のうちに占める株式及び出資の価額の合計額（「株式等の価額の合計額（相続税評価額によって計算した金額）」といいます）の割合が50％以上である評価会社（以下「株式保有特定会社」といいます）の株式の価額は，評価通達189－3（株式保有特定会社の株式の評価）の定めによることとされています。

$$株式保有特定会社 = \frac{株式等の価額の合計額}{総資産価額} \geq 50\%$$

　この場合の判定の基礎となる「株式及び出資」の範囲について，その判定の留意点の一つとして，所有目的又は所有期間のいかんにかかわらず全ての株式及び出資を含む(2)とされており，また，イ　証券会社が保有する商品，ロ　外国株式，ハ　株式制のゴルフ会員権，ニ　匿名組合の出資，ホ　証券投資信託の受益証券が，株式保有特定会社の判定の基礎となる「株式及び出資」に含まれるか否かについては，イ，ロ，ハは株式及び出資に含まれ，ニ及びホは含まれない(3)としています。ところで，転換社債の発行会社の株式の価額が転換価格を上回る場合には，その転換社債は上記判定算式中の「株式等の価額の合計額」

に含まれる等とする取扱いは示されていません。

3 まとめ

　評価会社A社が株式保有特定会社であるか否かの判定において,「総資産価額」を計算するときは, A社が保有するX社が発行する転換社債の価額は, X社株式の価額が転換価格を上回ることからX社の株式評価額を基に計算を行うこととなります。しかし, A社が保有するX社発行の転換社債は株式に転換されていないことから, この転換社債は「株式及び出資の範囲」には含まれないので「株式等の価額の合計額」には含めないで計算して判定することとなります。

（注）
(1)　「平成25年版財産評価基本通達逐条解説」（谷口裕之編　一般財団法人大蔵財務協会）851頁
(2)　同上718頁
(3)　国税庁ホームページ　質疑応答事例　財産評価　判定の基礎となる「株式及び出資」の範囲

【参　考】
(注1)　株式保有特定会社の株式の評価の見直しについて（評基通189, 189－3ほか）
　国税庁は, 平成29年6月22日付けで「「財産評価基本通達」の一部改正について（法令解釈通達）」の改正案を公示して意見公募を行いました。そしてこの改正案の一つが, 株式保有特定会社（保有する「株式及び出資」の価額が総資産価額の50％以上を占める非上場会社をいいます）の判定基準に「新株予約権付社債」を加える見直しで, 平成30年1月1日以後に相続, 遺贈又は贈与により取得した財産の評価に適用することが検討されています。今後の通達の改正にご注意ください。
(注2)　評価通達189の改正案について
　改正案の具体的内容は次のとおりです。

改正後	改正前
(特定の評価会社の株式)	(特定の評価会社の株式)
189　178《取引相場のない株式の評価上の区分》の「特定の評価会社の株式」とは，評価会社の資産の保有状況，営業の状態等に応じて定めた次に掲げる評価会社の株式をいい，その株式の価額は，次に掲げる区分に従い，それぞれ次に掲げるところによる。 　なお，・・・。 (1)　(省略) (2)　株式等保有特定会社の株式 　　課税時期において評価会社の有する各資産をこの通達に定めるところにより評価した価額の合計額のうちに占める株式，出資及び新株予約権付社債（会社法第2条《定義》第22号に規定する新株予約権付社債をいう。）(189－3《株式等保有特定会社の株式の評価》において，これらを「株式等」という。）の価額の合計額（189－3《株式等保有特定会社の株式の評価》において「株式等の価額の合計額（相続税評価額によって計算した金額）」という。）の割合が50％以上である評価会社（次の(3)から(6)までのいずれかに該当するものを除く。以下「株式等保有特定会社」という。）の株式の価額は，189－3《株式等保有特定会社の株式の評価》の定めによる。 (3)～(6)　(省略)	189　178《取引相場のない株式の評価上の区分》の「特定の評価会社の株式」とは，評価会社の資産の保有状況，営業の状態等に応じて定めた次に掲げる評価会社の株式をいい，その株式の価額は，次に掲げる区分に従い，それぞれ次に掲げるところによる。 　なお，・・・。 (1)　(同左) (2)　株式保有特定会社の株式 　　課税時期において評価会社の有する各資産をこの通達に定めるところにより評価した価額の合計額のうちに占める株式及び出資の価額の合計額（189－3《株式保有特定会社の株式の評価》において「株式等の価額の合計額（相続税評価額によって計算した金額）」という。）の割合が50％以上である評価会社（次の(3)から(6)までのいずれかに該当するものを除く。以下「株式保有特定会社」という。）の株式の価額は，189－3《株式保有特定会社の株式の評価》の定めによる。 (3)～(6)　(同左)

（山岡　美樹）

2 土地保有特定会社の株式の評価　評基通189

土地保有特定会社の判定と特定の評価会社の評価の判定順序

　非上場会社の相続税評価を算出していますが，評価会社は土地保有特定会社に該当します。また，比準要素数が1の会社でもあります。この場合，Lの割合を0.25とする類似業種比準方式との併用方式を適用できますか。教えてください。

解説

　土地保有特定会社の判定を先に行うことになりますので，Lの割合を0.25とする類似業種比準方式との併用方式を適用できずに，純資産価額方式により評価します。

１　土地保有特定会社とは

　課税時期における評価会社の総資産に占める土地及び土地の上に存する権利（以下「土地等」という。評基通185）の保有割合が次の基準に該当する会社を「土地保有特定会社」とし，その株式の評価は，原則として，その資産価値をより良く反映し得る純資産価額方式により評価することとされています。「土地等の保有割合」は，評価会社の有する各資産の価額（相続税評価額により計算）の合計額のうちに占める土地等の価額（相続税評価額により計算）の割合をいいます（評基通189(3)，189－4）。なお，評価会社が，土地保有特定会社に該当する会社であるか否かを判定する場合において，課税時期前において合理的な理由もなく評価会社の資産構成に変動があり，その変動が土地保有特定会社に該当する会社であると判定されることを免れるためのものと認められる場合には，その変動はなかったものとして判定を行うこととされています（評基通189なお書，株式保有特定会社も同様の取扱いとなります）。

第6章　特殊な株式等の評価に係る事例　237

大会社に区分される会社	土地保有割合70％以上が該当
中会社に区分される会社	土地保有割合90％以上が該当

	業　種	総資産価額（帳簿価額）	土地保有割合
小会社に区分される会社	卸売業	20億円以上	70％以上が該当
		20億円未満7,000万円以上	90％以上が該当
		7,000万円未満	土地保有特定会社に該当しません
	小売・サービス業	15億円以上	70％以上が該当
		15億円未満4,000万円以上	90％以上が該当
		4,000万円未満	土地保有特定会社に該当しません
	上記以外の業種	15億円以上	70％以上が該当
		15億円未満5,000万円以上	90％以上が該当
		5,000万円未満	土地保有特定会社に該当しません

2　特定の評価会社の定義（概略）

(1)　比準要素数1の会社

課税時期の直前期末を基準にした比準要素のいずれか2がゼロで，かつ，直前々期末を基準にした比準要素の2以上がゼロである会社

(2)　株式保有特定会社

$$\frac{株式等の価額}{総資産価額} \geqq 50\%$$

※　「株式等」とは，株式及び出資をいい，株式等の価額，純資産価額とも相続税評価ベースです。

(3)　土地保有特定会社

上記■のとおりです。

(4)　開業後3年未満の会社等

○開業後3年未満の会社

○課税時期の直前期末を基準にした比準要素の全てがゼロである会社

(5) 開業前の会社等

○開業前，休業中又は清算中の会社

3 特定の評価会社の評価方法及び判定順序

特定の評価会社の株式の判定は，以下の順序で行うこととされています。

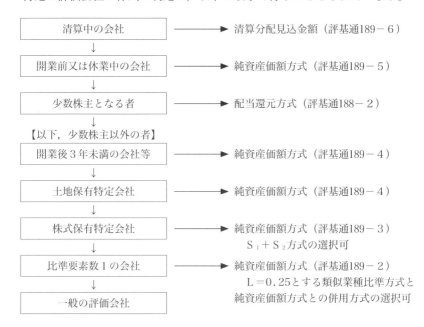

4 ご質問のケース

上記3のとおり比準要素数1の会社の判定より前に土地保有特定会社の判定をすることになりますので，Lの割合を0.25とする類似業種比準価額方式との併用方式を適用することはできません。したがって，純資産価額方式により評価することになります。

(松岡　章夫)

3 種類株式の評価　評基通178

事例05　種類株式（拒否権付株式）を発行している場合

　被相続人甲は，非上場会社のＡ社の普通株式を99株といわゆる拒否権付株式1株を保有していました。Ａ社の株式総発行株数は1,000株で，残りの900株は，長男丙が保有しています。普通株式を99株は長男丙が取得しますが，拒否権付株式1株を妻乙が取得します。相続税評価上，普通株式と拒否権付株式と評価は異なるのでしょうか。

解説

　拒否権を考慮せずに評価しますので，普通株と評価額に差はありません。

１　種類株式の評価

　平成18年に施行された会社法により，多種多様な種類株式の発行が認められました。国税庁は，これらの株式の評価について，平成19年に中小企業庁から文書照会を受けた①配当優先無議決権株式，②社債類似株式及び③拒否権付株式について見解を示しています（平成19年3月9日付国税庁資産評価企画官情報第1号）。

２　拒否権付株式

　上記１の中小企業庁への文書回答の③は，「拒否権を考慮せずに評価する」となっています。
　確かに，乙は他の株主に比して優越することになりますが，他人の提案の拒否に対する優越であって，自分の提案の承認に対する優越ではありませんので，会社の支配力という点からみれば，株式評価において，拒否権は影響しないことになります。

3 配当優先無議決権株式

　配当について優先・劣後のある株式を発行している会社の株式を①類似業種比準方式により評価する場合には，株式の種類ごとにその株式に係る配当金（資本金等の額の減少によるものを除きます）によって評価し，②純資産価額方式により評価する場合には，配当優先の有無にかかわらず，財産評価基本通達185≪純資産価額≫の定めにより評価します。

　原則的評価方式が適用される同族株主等が無議決権株式を相続又は遺贈により取得した場合には，原則として，議決権の有無を考慮せずに評価しますが，次のすべての条件を満たす場合に限り，原則的評価方式により評価するとともに，当該控除した金額を当該相続又は遺贈により同族株主が取得した当該会社の議決権のある株式の価額に加算して申告することを選択することができます。

　　イ　当該会社の株式について，相続税の法定申告期限までに，遺産分割協議が確定していること
　　ロ　当該相続又は遺贈により，当該会社の株式を取得したすべての同族株主から，相続税の法定申告期限までに，当該相続又は遺贈により同族株主が取得した無議決権株式の価額について，調整計算前のその株式の評価額からその価額に5％を乗じて計算した金額を控除した金額により評価するとともに，当該控除した金額を当該相続又は遺贈により同族株主が取得した当該会社の議決権のある株式の価額に加算して申告することについて届出書が所轄税務署長に提出されていること
　　ハ　当該相続税の申告に当たり，評価明細書に，調整計算の算式に基づく無議決権株式及び議決権のある株式の評価額の算定根拠を適宜の様式に記載し，添付していること

4 社債類似株式の評価

　次の条件を満たす株式（以下，「社債類似株式」といいます）については，財産評価基本通達197－2≪利付公社債の評価≫の(3)の定めに準じて発行価額

により評価します。また，社債類似株式を発行している会社の社債類似株式以外の株式の評価に当たっては，社債類似株式を社債であるものとして計算します。

【条　件】
- イ　配当金については優先して分配する。また，ある事業年度の配当金が優先配当金に達しないときは，その不足額は翌事業年度以降に累積することとするが，優先配当金を超えて配当しない。
- ロ　残余財産の分配については，発行価額を超えて分配を行わない。
- ハ　一定期日において，発行会社は本件株式の全部を発行価額で償還する。
- ニ　議決権を有しない。
- ホ　他の株式を対価とする取得請求権を有しない。

5　個別評価の可能性

国税庁は，財産評価基本通達の逐条解説で，「評基通に定める評価方法がなじまないような多種多様な種類株式については，個別に権利内容等を判断して評価する」となっていますので，必ずしも通達どおりの評価額で認容されずに，極端な例があれば個別評価もあり得ると考えられます。

（松岡　章夫）

3 種類株式の評価　評基通178

事例06　配当優先株式を発行している場合

被相続人甲は，非上場会社のA社の普通株式を21万株保有していました。A社の株式総発行株数は31万株で，残りの10万株は，配当優先の種類株式でB社（甲とは同族関係にない会社）が保有しています。A社は，相続税評価上，大会社で，類似業種比準方式により評価を行うこととなりますが，1株当たりの年配当金額の欄はどのように計算するのでしょうか。

解説

1株当たりの年配当金額は，株式の種類ごとにその株式に係る実際の配当金により計算します。

1　具体的な設例

A社は，資本金1,050万円の会社で発行済株式の総数21万株の会社でしたが，B社に対して10万株の優先配当株式を1株200円で発行することとしました。

会社の現在事項全部証明書では，「発行可能種類株式総数及び発行する各種類の株式の内容」は以下のように記載されています。

> 普通株式　210,000株
> A種優先株式　100,000株
> 1　剰余金の配当
> ⑴　（優先配当金）会社は剰余金の配当については，A種優先株式を有する株主（以下，A種優先株主という）に対し，普通株式を有する株主（以下，普通株主という）に先立ち，A種優先株式1株につき年15円の剰余金の配当（以下，A種優先配当金という）を行う。

第6章　特殊な株式等の評価に係る事例　243

(2) (非累積条項) 会社は，ある事業年度において，A種優先株主に対してA種優先配当金の全部又は一部を支払わないときは，その不足額は翌事業年度以降に累積しない。
(3) (非参加条項) A種優先株主に対しては，A種優先配当金を超えて剰余金の配当を行わない。
2 議決権
　A種優先株主は，株主総会において普通株主と同一の内容の議決権を有する。

2　評価明細書の記載方法

評価明細書第4表は次のとおり，種類株式ごとに以下のとおり記載します（平成19年3月9日付国税庁資産評価企画官情報第1号を参考にしています）。

① 「1．1株当たりの資本金等の額等の計算」

　種類株式ごとに区分せず資本金等の額又は株式数を記載します。この場合，「② 直前期末の発行済株式数」欄及び「③ 直前期末の自己株式数」欄については，評価する種類株式の株式数を内書きします。

② 「1株 (50円) 当たりの年配当金額」

　種類株式ごとに記載します。この場合，「1株 (50円) 当たりの年配当金額⑧ ($B1$, $B2$)」を計算する場合の株式数は，「1．1株当たりの資本金等の額等の計算」の「⑤　1株当たりの資本金等の額を50円とした場合の発行済株式数」欄の株式数に，発行済株式の総数（自己株式数控除後）に占める各種類株式数（自己株式数控除後）の割合を乗じたものとします。

③ 「1株 (50円) 当たりの年利益金額」及び「1株 (50円) 当たりの純資産価額」

　種類株式ごとに区分せず記載します。

④　純資産価額方式（評価明細書第5表）

類株式ごとに区分せず記載します。

⑤ 配当還元方式（評価明細書第3表）

「2．配当還元方式による価額」については，上記①，②に準じて記載します。

3 「1株（50円）当たりの年配当金額」の計算例

1の具体的な設例により，計算例を示します。

①直前期末の 資本金等の額	②直前期末の 発行済株式数	④1株当たりの 資本金等の額	⑤1株当たりの資本金等の額を50円とした場合の発行済株式数
30,500千円	内100,000株 310,000株	98円	610,000株

② 発行済株式数　310,000株

　　内　配当優先株式　100,000株

　　　　普通株式（配当劣後株式）　210,000株

④ 98円＝30,500千円÷310,000株

⑤ 610,000株＝30,500千円÷50円

＜年配当金額＞

　直前期，直前々期とも

　　配当優先株式　1,500千円（1株15円）

　　普通株式　　　1,050千円（1株5円）

【計　算】

＜1株当たりの年配当金額（Ⓑ）＞

(1) 配当優先株式

　　(1,500千円＋1,500千円)÷2÷(610,000株×100,000株÷310,000株)

　　　＝7円60銭（10銭未満切捨て）

(2) 普通株式

　　(1,050千円＋1,050千円)÷2÷(610,000株×210,000株÷310,000株)

　　　＝2円50銭（10銭未満切捨て）

4 検　証

　配当優先株式は1株15円配当で，普通株式は1株5円配当ですので，上記【計算】とは異なります。理論的には，株式の種類ごとに下記のように区分し，1株当たりの年配当金額を計算すべきという考え方もあろうかと思われますが，株式の発行が数次にわたる場合などがあり，個別的にみることはしないということだろうと思われます。

	①直前期末の資本金等の額	②直前期末の発行済株式数	④1株当たりの資本金等の額	⑤1株当たりの資本金等の額を50円とした場合の発行済株式数
合　計	30,500千円	310,000株	98円	610,000株
普通株	10,500千円	210,000株	50円	210,000株
優先株	20,000千円	100,000株	200円	400,000株

＜1株当たりの年配当金額（Ⓑ）＞

(1) 配当優先株式

　　(1,500千円＋1,500千円)÷2÷400,000株＝3円70銭

(2) 普通株式

　　(1,050千円＋1,050千円)÷2÷210,000株＝5円00銭

(松岡　章夫)

3 種類株式の評価　評基通188

事例07　同族株主が取得する無議決権株式の評価

　甲株式会社は非上場会社で，財産評価基本通達（以下「評価通達」といいます）178の評価上の区分で大会社に該当します。発行済株式10万株の内5万株は議決権のある株式（普通株式：議決権5万個，配当劣後），残りの5万株は無議決権株式（配当優先）です。普通株式の発行済株式の内75％（議決権割合も75％）を，無議決権株式も75％を所有しています。私の長男に普通株式の贈与を行い，長女や次女には無議決権株式の贈与を考えています。

　ところで，非上場会社の株式は，原則的評価方式（大会社は類似業種比準方式）か特例的評価方式（配当還元方式）により評価することとなっています。この区分は，議決権割合を基に行い少数株主は特例的評価方式であると聞いております。長女や次女に贈与する株式は無議決権株式であることから，その評価は特例的評価方式である配当還元方式によることができるのでしょうか。

解説

　長女・次女が取得する無議決権株式の評価は原則的評価方式であり，特例的評価方式（配当還元方式）により評価することはできません。

１　特例的評価方式を設けている理由

　その趣旨は，一般的に，非上場のいわゆる同族会社においては，その株式を保有する同族株主以外の株主にとっては，当面，配当を受領するということ以外に直接の経済的利益を享受することがないという実態を考慮したものとされています。

2　同族株主以外の株主の判定

　同族株主以外の株主等が取得した株式については，配当還元方式によって評価することができますが，この判定においては，次のとおり株主の議決権割合が判定における重要な要素となります。この判定は，評価会社の議決権総数に占める各株主が有する議決権割合を基に判定を行い，所有株式数ではない点に注意が必要です（評基通188，188－2）。

(1)　同族株主のいる会社の株式のうち同族株主以外の株主の取得した株式に該当するかの判定

　「同族株主」とは，課税時期における評価会社の株主のうち，株主の1人及びその同族関係者（法人税法施行令4条（同族関係者の範囲）に規定する特殊の関係のある個人又は法人をいいます）の有する議決権の合計数がその会社の議決権総数の30％以上（その評価会社の株主のうち，株主の1人及びその同族関係者の有する議決権の合計数が最も多いグループの有する議決権の合計数が，その会社の議決権総数の50％超である会社にあっては，50％超）である場合におけるその株主及びその同族関係者をいいます。

　質問の場合，贈与者の議決権が75％であることから評価対象会社である甲社は，同族株主のいる会社に該当します。

　次に，長女・次女が同族株主以外の株主に該当するかについては，贈与者である父親から無議決権株式の贈与を受けた長女や次女の議決権割合は0％ですが，贈与者である父親の議決権割合とその長女・次女の議決割合の合計数は75％であることから，その株主（長女あるいは次女）及びその同族関係者（父親）は同族株主となります。

　したがって，長女・次女が取得した株式は同族株主以外の株主の取得した株式には該当しません。

　次に，長女や次女が取得する株式は無議決権株式でありその議決権割合が0％であるので配当還元方式により評価できる特定の少数株主に該当するかについて検討します。

(2) 中心的な同族株主のいる会社の株主のうち，中心的な同族株主以外の同族株主で，その者の株式取得後の議決権の数がその会社の議決権総数の5％未満であるもの（課税時期において評価会社の役員である者及び課税時期の翌日から法定申告期限までの間に役員となる者を除きます）の取得した株式に該当するかの判定

　ここで，長女・次女が取得する株式は無議決権株式であることから，長女・次女は株式取得後の議決権の数がその会社の議決権総数の5％未満であるものに該当しますが，配当還元方式により評価できるか否かは，中心的な同族株主以外の同族株主に該当するか否かを判定する必要があります。

　この場合における「中心的な同族株主」とは，課税時期において同族株主の1人並びにその株主の配偶者，直系血族，兄弟姉妹及び1親等の姻族の有する議決権の合計数がその会社の議決権総数の25％以上である場合におけるその株主をいいます。この場合は，個々の取得者を基に判定することから，長女を基に判定すると長女と父親（直系血族）で75％（≧25％）となりますので長女は中心的な同族株主となり原則的評価方式により評価することとなります。また，次女も同様に原則的評価方式により評価することとなります。

3　類似業種比準方式の計算

　甲社のように配当優先株式を発行している場合の類似業種比準方式の計算は次により行います。

(1) 株式の種類ごと（配当優先株式，普通株式）に評価を行います。
(2) 評価会社甲社の「1株当たりの配当金額Ⓑ」は，配当優先株式，普通株式の種類ごとにそれぞれの株式の実際の配当金を基に計算を行います。
　　① 配当優先株式の「1株当たりの配当金額」

$$\left(\begin{array}{l}\text{直前期の配当優}\\\text{先株式の年配当}\\\text{金額}\end{array} + \begin{array}{l}\text{直前々期の配当}\\\text{優先株式の年配}\\\text{当金額}\end{array}\right) \div 2 \div \begin{array}{l}\text{1株当たりの資本金等の額}\\\text{を50円とした場合の配当}\\\text{優先株式の発行済株式数}\end{array}$$

　　「1株当たりの資本金等の額を50円とした場合の配当優先株式の発行済株式数」

$$\begin{array}{c}\text{1株当たりの資本金等}\\\text{の額を50円とした場}\\\text{合の発行済株式数}\end{array} \times \frac{\text{直前期末の配当優先株式の発行済株式数}}{\text{直前期末の発行済株式数}}$$

② 普通株式の「1株当たりの配当金額」

$$\left(\begin{array}{c}\text{直前期の普通}\\\text{株式の年配当}\\\text{金額}\end{array}+\begin{array}{c}\text{直前々期の普通}\\\text{株式の年配当金}\\\text{額}\end{array}\right) \div 2 \div \begin{array}{c}\text{1株当たりの資本金等の額}\\\text{を50円とした場合の普通}\\\text{株式の発行済株式数}\end{array}$$

「1株当たりの資本金等の額を50円とした場合の普通株式の発行済株式数」

$$\begin{array}{c}\text{1株当たりの資本金等}\\\text{の額を50円とした場}\\\text{合の発行済株式数}\end{array} \times \frac{\text{直前期末の普通株式の発行済株式数}}{\text{直前期末の発行済株式数}}$$

(3) 1株当たりの利益金額ⓒ,1株当たりの純資産価額Ⓓは株式の種類ごとの区分をしないで計算を行います。

(山岡　美樹)

4 出資の評価　評基通194-2

事例08　医療法人の出資の評価

　私は，医療法人のオーナーです。この医療法人は，持分の定めのある社団です。先般，長男がこの医療法人が運営する病院に勤務したことから，事業承継のことも考え私が有するこの医療法人に対する出資の贈与を考えています。そこで，医療法人社団の出資の評価はどのように行うのでしょうか。

解説

　医療法人の出資の評価も，原則，財産評価基本通達で定める取引相場のない株式の評価と同様に行いますが，医療法人は剰余金の配当を行うことができないことなどの特徴を有することから，類似業種比準価額により計算を行う際はその算式の修正を行う必要があります。また，配当還元方式による価額で計算を行うことができません。

1　医療法人の出資の評価

　医療法人の出資の価額は，「取引相場のない株式の評価上の区分の本文」（評基通178），「取引相場のない株式の評価の原則」（評基通179）から「類似業種本文」（評基通181）まで，「類似業種の株価」（評基通182）から「類似業種の1株当たりの配当金額等の計算」（評基通183-2）まで，「類似業種比準価額の修正の(2)」（評基通184），「純資産価額の本文」（評基通185），「純資産価額計算上の負債」（評基通186）から「評価会社が有する株式等の純資産価額の計算」（評基通186-3）まで，「株式の割当てを受ける権利等の発生している株式の価額の修正の(2)」（評基通187），「特定の評価会社の株式」（評基通189），「比準要素数1の会社の株式の評価」（評基通189-2）から「土地保有特定会社の株式又は開業後3年未満の会社等の株式の評価」（評基通189-

4)(「純資産価額」(評基通185)のただし書の定め及び「同族株主以外の株主等が取得した株式の評価」(評基通188-2)の定めを適用する部分を除きます)まで及び「開業前又は休業中の会社の株式の評価」(評基通189-5)から「株式無償交付期待権の評価」(評基通192)までの定めに準じて計算した価額によって評価します(評基通194-2)。

2 類似業種比準価額

類似業種比準価額は,次の算式により計算します(評基通180)。

$$A \times \frac{\frac{Ⓑ}{B} + \frac{Ⓒ}{C} + \frac{Ⓓ}{D}}{3} \times 0.7$$

上記算式中の「A」,「Ⓑ」,「Ⓒ」,「Ⓓ」,「B」,「C」及び「D」は,それぞれ次によります。

「A」=類似業種の株価

「Ⓑ」=評価会社の1株当たりの配当金額

「Ⓒ」=評価会社の1株当たりの利益金額

「Ⓓ」=評価会社の1株当たりの純資産価額(帳簿価額によって計算した金額)

「B」=課税時期の属する年の類似業種の1株当たりの配当金額

「C」=課税時期の属する年の類似業種の1株当たりの年利益金額

「D」=課税時期の属する年の類似業種の1株当たりの純資産価額(帳簿価額によって計算した金額)

上記 1 のとおり,医療法人も会社と同様に類似業種比準価額(評基通180)の定めに準じて計算を行いますが,医療法人は医療法54条で「医療法人は,剰余金の配当をしてはならない。」と規定されており,上記算式中のⒷ/Bや分母「5」についてそのままで計算を行うのかが問題となります。

3 医療法人の出資に係る類似業種比準価額

医療法人は,剰余金の配当ができないことから,上記類似業種比準価額の計

算式を次のように修正して計算を行います（評基通194－2(1)）。

$$A \times \left(\cfrac{\cfrac{ⓒ}{C} + \cfrac{ⓓ}{D}}{2} \right) \times 0.7$$

なお，上記算式中の0.7は中会社に相当する場合は0.6，小会社に相当する場合は0.5になります。

4　会社の規模（Ｌの割合）の判定

株式の評価上の大会社・中会社・小会社の区分の判定を行う場合や中会社の株式の価額を求める場合のＬの割合（0.90，0.75，0.60）の判定を行う場合は，「小売・サービス業」に該当するものとして判定を行います。

5　業種目について

医療法人が該当する業種目は，類似業種比準価額計算上の業種目及び業種目別株価等により定める業種目のうちの「その他の産業」に該当します。

6　比準要素数１の会社の判定について

比準要素数１の会社に相当するかの判定は，「１株当たりの利益金額」又は「１株当たりの純資産価額（帳簿価額によって計算した金額）」のそれぞれ金額のうち，いずれかが０であり，かつ，直前々期末を基準にしたそれぞれの金額を計算した場合に，それぞれの金額のうち，いずれか１以上が０である評価対象の医療法人をいいます。

7　株式保有特定会社に該当する場合

株式保有特定会社の株式の評価を行う場合のＳ₁の金額を計算する計算式は，次のように修正して計算を行います（評基通194－2(2)）。

$$A \times \left(\cfrac{\cfrac{ⓒ-ⓒ}{C} + \cfrac{ⓓ-ⓓ}{D}}{2} \right) \times 0.7$$

なお，上記算式中の0.7は中会社に相当する場合は0.6，小会社に相当する場合は0.5になります。

8 配当還元価額について

医療法人は，剰余金の配当をしてはならないこと（医療法54），また，社員の議決権は社員1人につき各1票となっている（医療法48の4）ことなどから，上記1に記載のとおり，医療法人の出資の評価に当たって「同族株主以外の株主等が取得した株式」（評基通188），「同族株主等以外の株主等が取得した株式の評価」（評基通188－2　いわゆる配当還元方式による価額）を準じて計算することにはなっておらず，配当還元方式による価額で計算することはできません。

9 営業権の評価について

営業権の評価（評基通165）の（注）において，個人開業医の営業権は評価しないこととされていることから，医療法人の出資の評価を純資産価額方式により行う場合も，これに準じて評価しないこととして差し支えないものとされています。

（山岡　美樹）

4　出資の評価　　評基通180

　1口当たりの出資金額の定めがない場合

被相続人甲は，持分の定めのあるA医療法人の出資（1億円）の100％を所有していましたが，A医療法人の出資については，出資口数の定めがなく，金額で表示されています。A医療法人の出資を評価する際に，「発行済株式数」についてはどのようにしたらよいのでしょうか。

解説

出資1口当たり50円として出資口数を算定し，これを「発行済株式数」として評価額を算定するのが妥当と考えられます。

1　医療法人の出資口数

平成19年の医療法の改正により，持分の定めのある医療法人は設立できなくなり，厚生労働省は，既存の医療法人について持分の定めのない医療法人への移行を進めていますが，現時点ではほとんど持分の定めのある医療法人のままです。

ところで，株式会社は株数が単位となっていますので，発行済株式数というものが必ず存在しますが，医療法改正前に設立された持分の定めのある医療法人は，その設立の際，誰がいくら出資するかを決めればよいのであって，1口当たりの出資金額を決める必要がないことから，出資口数というものが存在しない状態となっている場合も見受けられます。

そこで，医療法人の出資の評価に当たり，出資口数の定めがない場合に「発行済株式数」をどうすればよいのかという問題が発生します。

なお，税理士法人等にも同様のことがいえます。

2 類似業種比準方式

(1) 1口当たり5万円とした場合

昭和57年から平成13年の商法改正以前は、1株はいわゆる額面5万円以上だったこともあって、会社設立に際し資本金を1株5万円としている会社が多く見受けられますので、1口当たり5万円(2,000口)として出資口数を算定してみましょう。

この設例では、類似業種比準価額は1口当たり90,900円となりますので、A医療法人の出資の評価額は、90,900円×2,000口=181,800,000円です(**表1**参照)。

表1
第4表 類似業種比準価額等の計算明細書

1 1株当たりの資本金等の額等の計算	直前期末の資本金等の額 ① 100,000千円	直前期末の発行済株式数 ② 2,000株	直前期末の自己株式数 ③ 0株	1株当たりの資本金等の額(①÷(②-③)) ④ 50,000円	1株当たりの資本金等の額を50円とした場合の発行済株式数(①÷50円) ⑤ 2,000,000株
2 1株当たりの年利益金額	⑪ 法人税の課税所得 17,900千円	(省略)		㊱差引利益金額 17,900千円	1株(50円当たりの年利益金額) ⑯ 8円
3 1株当たりの純資産価額	⑰ 資本金等の金額 100,000千円	㊳ 利益積立金額 99,000千円	⑲ 純資産価額 199,000千円	(省略)	1株(50円当たりの純資産価額) ⑳ 99円

| 4 類似業種比準価額 (省略) | 類似業種と業種目番号 (No. 121) 属する月 10月 ㋐ 532 課税時期の属する月の前月 9月 ㋑ 532 課税時期の属する月の前々月 8月 ㋒ 512 前年平均株価 ㋓ 446 課税時期の属する月以前2年間の平均株価 ㉑ 500円 A ㊵、㋐、㋑、㋒及び㋓のうち最も低いもの ㉑ 446 | 区分 評価会社 類似業種 要素別比準割合 比準割合 | 1株(50円)当たりの年配当金額 Ⓑ 円 B 0 円 Ⓒ | 1株(50円)当たりの年利益金額 Ⓒ 8円 C 24円 Ⓒ 0.33 $\frac{Ⓑ}{B} \times 3 + \frac{Ⓒ}{C} + \frac{Ⓓ}{D}$ = | 1株(50円)当たりの純資産価額 Ⓓ 99円 D 250円 Ⓓ 0.39 ㉑ 0.34 | 1株(50円)当たりの比準額 ⑳×㉑×0.7 ※中会社は0.6 小会社は0.5 とします。 ㉒ 90円 90銭 |
| 1株当たりの比準価額 | 比準価額(㉒と㉕とのいずれか低い方) 90円 90銭 | × | ④の金額 50,000円 / 50円 | | ㉖ 90,900円 |

(2) 1口当たり50円とした場合

次に、類似業種比準方式における類似業種の株価、1株当たりの配当金額、1株当たりの年利益金額及び1株当たりの純資産価額は、資本金等の額が50円とした場合の金額で算定されていますので、1口当たり50円(2,000,000口)として出資口数を算定してみましょう。

類似業種比準価額は1口当たり90円となりますので、A医療法人の出資の評価額は、90円×2,000,000口=180,000,000円です(**表2**参照)。

表2

第4表　類似業種比準価額等の計算明細書

[複雑な計算明細書の表。主な数値：
- １株当たりの資本金等の額の計算：① 100,000千円、② 2,000,000株、③ 0、④ 50円、⑤ 2,000,000株
- １株当たりの年利益金額：⑪ 法人税の課税所得 17,900千円、差引利益金額 17,900、Ｃ 8円
- １株当たりの純資産価額：⑰ 資本金等の金額 100,000千円、⑱ 利益積立金額 99,000千円、⑲ 純資産価額 199,000千円、Ｄ 99円
- 類似業種比準価額：その他の産業（No.121）、課税時期の属する月10月 ⑨ 532、前月9月 532、前々月8月 512、前年平均株価 446、課税時期の属する月以前2年間の平均株価 500、Ａ（最も低いもの）446
- 比準割合 0.34、⑳ 比準価額 90円90銭、⑳ 90.9 → 90円
- 20×21×0.7、中会社は0.6、小会社は0.5 とします。]

(3) 1口当たり1円とした場合

最後に、出資1口当たりの金額が存在しないのだから、1口当たり1円（100,000,000口）として出資口数を算定してみましょう。

類似業種比準価額は1口当たり1円となりましたので、A医療法人の出資の評価額は、1円×100,000,000口＝100,000,000円です（表3参照）。

表3

第4表　類似業種比準価額等の計算明細書

[同様の計算明細書。主な数値：
- １株当たりの資本金等の額の計算：① 100,000千円、② 100,000,000株、③ 0、④ 1円、⑤ 2,000,000株
- １株当たりの年利益金額：⑪ 17,900千円、差引利益金額 17,900、Ｃ 8円
- １株当たりの純資産価額：⑰ 100,000千円、⑱ 99,000千円、⑲ 199,000千円、Ｄ 99円
- 類似業種比準価額：その他の産業（No.121）、10月 532、9月 532、8月 512、前年平均株価 446、2年間の平均株価 500、Ａ 446
- 比準割合 0.34、⑳ 比準価額 90円90銭、⑳ 1.818 → 1円]

(4) 問題点

A医療法人の出資の評価額は、上記の(1)に対し、(2)は若干低くなりますが、(3)になると約半分になってしまいました。

これは、1円未満の端数を切り捨てることが原因で、(1)は90,900円と1円未満の端数がなく、(2)は90.9円が90円に切り捨てられるのであまり変わりませんが、(3)は1.818円が1円に切り捨てられたからです。

3 純資産価額方式

では、上記2のケースで、純資産価額方式ではどうなるか検討します。

1口当たり5万円とした場合には、純資産価額方式による価額は1口当たり99,500円となりますので、A医療法人の出資の評価額は、99,500円×2,000口＝199,000,000円です（表4参照）。

表4
第5表 1株当たりの純資産価額（相続税評価額）の計算明細書

1．資産及び負債の金額（課税時期現在）						
資 産 の 部			負 債 の 部			
科 目	相続税評価額	帳簿価額	科 目	相続税評価額	帳簿価額	
全 資 産	千円 300,000	千円 300,000	全 負 債	千円 101,000	千円 101,000	
合 計	① 300,000	② 300,000	合 計	③ 101,000	④ 101,000	

2．評価差額に対する法人税額相当額の計算		3．1株当たりの純資産価額の計算	
相続税評価額による純資産価額 (①－③)	⑤ 199,000	課税時期現在の純資産価額 (相続税評価額) (⑤－⑧)	⑨ 199,000
帳簿価額による純資産価額 ((②＋(⊝－⊖)－④)、マイナスの場合は0)	⑥ 199,000	課税時期現在の発行済株式数 ((第1表の1の①)－自己株式数)	⑩ 2,000
評価差額に相当する金額 (⑤－⑥、マイナスの場合は0)	⑦ 0	課税時期現在の1株当たりの純資産価額 (相続税評価額) (⑨÷⑩)	⑪ 99,500
評価差額に対する法人税額等相当額 (⑦×40％)	⑧ 0		

同様に、1口当たり50円とした場合には、99.5円が99円に切り捨てられ、99円×2,000,000口＝198,000,000円、1口当たり1円とした場合には、1.99円が1円に切り捨てられ、1円×100,000,000口＝100,000,000円となります（表省略）。

類似業種比準方式とほぼ同じ結果です。仮に1口当たり1円で、相続税評価額による純資産価額（⑤）が99,000千円だった場合には、0.99円なので0円になってしまいます。

4 1口当たりの出資金額

この設例では、出資1口当たりを1円として評価額を算定すると、1円未満の切捨てが1円に対して大きいため、非常に不合理な結果となりました。

実際にこんなに差が生じるかは別ですが，この1円未満の切捨ての影響をなるべく少なくするためには，1口当たりの出資金額を5万円として出資口数を算定するのがよいのですが，上記**2**(2)に記載したとおり，類似業種比準方式の各係数が1株50円を基本として算定されていることからみれば，1口当たりの出資金額を50円として出資口数を算定するのが妥当と考えられます。この場合，1円未満の切捨てについての実務上の影響は少ないでしょう。

（松岡　章夫）

5 外国株式の評価　評基通185

事例10　会社資産に国外財産がある場合の純資産価額

　A社は，財産評価基本通達178の評価上の区分では小会社に該当することから純資産価額を求めなければなりません。A社の会社資産の内には，①外国の証券取引所に上場されている株式，②A社が株式を100％保有する取引相場のない外国法人の株式，③国外に所在する土地があります。それぞれの評価の考え方を教えてください。

解説

① 評価通達169（上場株式の評価）の評価方法に準じて評価します。
② 評価通達185（純資産価額）の評価方法に準じて評価します。
③ 売買実例価額，地価の公示制度に基づく価格及び鑑定評価額等を参酌して評価します。

１　国外財産の評価（評基通５−２）

　国外財産の価額も，評価通達に定める評価方法により評価することとされています。この通達の定めによって評価することができない財産は，この通達に定める評価方法に準じて，又は売買実例価額，精通者意見価格等を参酌して評価します。

　評価通達の定めによって評価することができない財産については，課税上弊害がない限り，その財産の取得価額を基にその財産が所在する地域若しくは国におけるその財産と同一種類の財産の一般的な価格動向に基づき時点修正して求めた価額又は課税時期後にその財産を譲渡した場合における譲渡価額を基に課税時期現在の価額として算出した価額により評価することができることとされています。この場合において，国外財産の取得価額や譲渡価額を時点修正す

るための合理的な価額変動率が存しない場合については，この評価方法を適用する前提を欠いていることから，取得価額や譲渡価額を基に評価することはできません。また，この方法により評価ができるのは，課税上弊害がない限りにおいてとされています。例えば，この評価方法によることができない課税上弊害がある場合とは，その財産を親族間の取引で低額で譲り受けた場合，債務の返済のため売り急ぎがあった場合など，その価額がその時の適正な時価であると認められない場合が該当します。

国外財産の邦貨換算については，評価通達4－3により取引金融機関（外貨預金等，取引金融機関が特定されている場合は，その取引金融機関）が公表する課税時期における最終の為替相場（邦貨換算を行う場合の外国為替の売買相場のうち，いわゆる対顧客直物電信買相場又はこれに準ずる相場をいいます。また，課税時期に当該相場がない場合には，課税時期前の当該相場のうち，課税時期に最も近い日の当該相場によります）で行います。

なお，先物外国為替契約（課税時期において選択権を行使していない選択権付為替予約を除きます）を締結していることによりその財産についての為替相場が確定している場合には，当該先物外国為替契約により確定している為替相場によります。

外貨建てによる債務は，「対顧客直物電信買相場」を「対顧客直物電信売相場」と読み替えて適用します。

2 外国の証券取引所に上場されている株式

外国の証券取引所に上場されている株式は，課税時期における客観的な時価が明らかになっていることから，評価通達169の上場株式の評価方法に準じて評価します。その場合，原則として課税時期における最終価格によることとされています。その最終価格が課税時期の属する月以前3カ月の最終価格の月平均額のうち最も低い価額を超える場合には，その最も低い価額によることができることとされていますので，この方法で評価を行う場合は，月平均額を調べるか日々の最終価格を調べて月平均額を求める必要があります。

3 取引相場のない外国法人の株式

　まず，類似業種比準方式によることができるかについては，類似業種比準価額を求める基礎となる標本会社が，国内の金融商品取引所に株式を上場している内国法人を対象としていることから，原則として，類似業種比準方式に準じて評価することはできないこととされています。

　純資産価額方式に準じて評価する場合において，控除すべき「評価差額に対する法人税額等に相当する金額」は，その国において，日本の法人税，事業税，道府県民税及び市町村民税に相当する税が課されている場合には，評価差額に，それらの税率の合計に相当する割合を乗じて計算することができるとされています。

　純資産価額方式に準じて評価する場合における邦貨換算については，1株当たりの純資産価額を計算した後に対顧客直物電信買相場により邦貨換算します。資産・負債が2か国以上に所在しているなどの場合には，資産・負債ごとに，資産については対顧客直物電信買相場により，負債については，対顧客直物電信売相場によりそれぞれ邦貨換算した上で1株当たりの純資産価額を計算することができるとされています。

4 国外に所在する土地

　売買実例価額，地価の公示制度に基づく価格及び鑑定評価額等を参酌して評価することとなります。また，上記 1 で説明したとおり，課税上弊害がない限り，取得価額又は譲渡価額に，時点修正するための合理的な価額変動率を乗じて評価することができます。

（山岡　美樹）

索　引

〔あ行〕

営業権 …………………………… 194
円滑化法 ………………………… 25

〔か行〕

開業後3年未満の会社 ………… 17
開業前又は休業中の会社 ……… 17
貸家建付借地権 ………………… 165
合併 ……………………………… 203
株式移転 ………………………… 203
株式交換 ………………………… 203
株式の計算方法 ………………… 13
株式保有特定会社 ………… 16,225
株式割当て ……………………… 135
仮決算 …………………………… 148
業種変更 ………………………… 114
業種を兼業 ……………………… 108
拒否権付株式 …………………… 240
繰延税金資産 …………………… 196
減価償却累計額等 ……………… 199
建築中の家屋 …………………… 184
現物出資等 ……………………… 201
控除する所得税額 ……………… 104
広大地 …………………………… 167

〔さ行〕

3年以内取得不動産 …………… 156
事業年度の変更 …………… 29,116
自己株式 ………………………… 69
自己株式の取得 ………………… 127

死亡退職金 ……………………… 154
死亡保険金 ……………………… 153
資本金等の額がマイナス ……… 124
借地権 …………………………… 193
社債類似株式の評価 …………… 241
従業員の範囲 …………………… 33
出向中の者 ……………………… 35
取得後賃貸 ……………………… 162
種類株式 ………………………… 240
純資産価額 ……………………… 18
準備金等 ………………………… 199
小会社 …………………………… 14
剰余金の配当金 ………………… 120
清算中の会社 …………………… 17
生命保険金請求権 ……………… 193
相互持合 ………………………… 81
葬式費用 ………………………… 198
相当地代通達 …………………… 189
創立費等の繰延資産 …………… 196

〔た行〕

大会社 …………………………… 14
退職手当金等 …………………… 198
建物附属設備 …………………… 195
中会社 …………………………… 14
中小企業投資育成会社 ………… 73
弔慰金 …………………………… 154
直後期末が近いとき …………… 100
直前期末によって行う場合 …… 149
定期借地権 ……………………… 176

索　引　263

定期借地権の目的となっている宅地 …………… 180	1株当たりの利益金額 …………… 98
特定の評価会社 …………… 15	負債 …………… 146
特別配当 …………… 96	附属設備 …………… 187
特例的評価方式 …………… 15	併用方式 …………… 19
土地の無償返還届出書 …………… 164	法人株主 …………… 65
土地保有特定会社 …………… 16	法人税額等 …………… 147
	法人税等充当金等 …………… 200
	保険差益に対する法人税等 …………… 199

〔は行〕

〔ま行〕

売却する場合の時価 …………… 21	前払費用 …………… 195
配当還元価額 …………… 19	未納固定資産税等 …………… 197
配当期待権等 …………… 194	未納法人税等 …………… 197
配当優先株式 …………… 243	未払配当金 …………… 198
配当優先無議決権株式 …………… 241	

〔ら行〕

派遣社員 …………… 33	役員の範囲 …………… 50
引当金 …………… 199	

〔わ行〕

非経常的な利益 …………… 96,131	類似業種比準価額 …………… 18
比準要素数0の会社 …………… 17	類似業種比準方式 …………… 96
比準要素数1 …………… 16	
非上場会社株式を保有 …………… 205	
1株当たりの純資産価額 …………… 98,145	
1株当たりの配当金額 …………… 98	

著者紹介

松岡　章夫（まつおか　あきお）

税理士。平成7年8月に税理士登録して現在に至る。税理士試験試験委員（平成16・17・18年度）。東京地方裁判所所属民事調停委員。
主要著書に『最新版　図解事業承継税制』（山岡美樹氏と共著，大蔵財務協会）,『平成29年版　小規模宅地等の特例』（山岡美樹氏と共著，大蔵財務協会）等がある。

山岡　美樹（やまおか　よしき）

税理士。横浜国立大学経営学部卒業。東京国税局課税第一部審理課，資産課税課等を経て，平成20年7月税務相談室を最後に退職。同年8月税理士登録。

著者との契約により検印省略

平成29年10月20日　初　版　発　行	55事例でわかる **取引相場のない株式の** **評価方法**
	著　者　松　岡　章　夫 　　　　　山　岡　美　樹
	発行者　大　坪　克　行
	印刷所　税経印刷株式会社
	製本所　牧製本印刷株式会社

発行所　〒161-0033　東京都新宿区　　株式会社　**税務経理協会**
　　　　　下落合2丁目5番13号
　　　　振　替　00190-2-187408　　電話　(03)3953-3301（編集部）
　　　　Ｆ Ａ Ｘ　(03)3565-3391　　　　　(03)3953-3325（営業部）
　　　　　　　　URL　http://www.zeikei.co.jp/
　　　　　　乱丁・落丁の場合は，お取替えいたします。

© 松岡章夫・山岡美樹　2017　　　　　　　　　　　Printed in Japan

本書の無断複写は著作権法上での例外を除き禁じられています。複写される場合は，そのつど事前に，(社)出版者著作権管理機構（電話 03-3513-6969,FAX 03-3513-6979, e-mail : info@jcopy.or.jp）の許諾を得てください。

JCOPY ＜(社)出版者著作権管理機構　委託出版物＞

ISBN978-4-419-06404-4　C3032